Information Media in the Digital Age

情報メディア論

テクノロジー・サービス・社会

小泉宣夫　圓岡偉男　著
Nobuo Koizumi　Hideo Tsuburaoka

講談社

ブックデザイン | 安田あたる

まえがき

　情報メディアとは情報の運び手や器となるものを意味する．ディジタルテクノロジーの発展とともに，テキスト，音や映像などのメディアはビット情報として一元化され，それらはインターネットによってさまざまな環境で送受できるようになった．このようなメディアの多様化と氾濫は，我々のコミュニケーションや社会環境に著しい変化をもたらしている．メディアが展開するサービスのしくみを理解するためには，ディジタル情報の扱い方の基本を学んでおく必要がある．また，それらのサービスを展望するためには，社会への影響を考慮しておく必要がある．本書は情報学を専攻する学生が専門分野に取り組む準備として，メディアを総合的に学ぶための入門書としてまとめたものである．

　本書は，今日の情報社会を支えるメディアを，ディジタル化の手法，テクノロジーに支えられたサービスのしくみ，そして人間の社会生活への影響の3つの側面から理解し，展望する構成になっている．

　第Ⅰ部では幅広い意味を持つメディアをテクノロジー，サービス，そしてコミュニケーションの視点で分類している．また，人類がメディアを通じてこれまでどのような方法で情報を発信し，記録し，そして伝達してきたのか，今日のディジタル時代を迎えるまでのメディアの技術的変遷をたどる．

　第Ⅱ部ではメディアテクノロジーについて概説する．はじめに文字，音，画像のディジタル符号化について述べる．また，ディジタル形式によってもたらされるWebなどの新たな情報表現，そして音や画像の合成や理解の手法について説明する．次に，社会基盤を担うネットワークの構成について触れ，メディアにどこからでもアクセスできる環境がネットワークと機器類の進化によって支えられている状況を説明する．さらには直接ヒトの知覚を補助する技術として発展しているバーチャル・リアリティやオーグメンテッド・リアリティなどの可能性を考察する．

　第Ⅲ部ではインターネットを背景に展開されるサービスの特徴とその展望について述べる．個人的なコミュニケーションの手段としてはさまざまなソーシャル・メディアが展開されている．また，行政や交通，医療・福祉，教育などの社会基盤に関わるサービスや，金融やマーケティングを中心としたビジネスが拡大している．そして，書籍，音楽，画像やゲームなどの教養とエンタテインメントに関

連したサービスの進展も目覚ましい．さらには，生活環境の質の向上を目指した健康管理や自然環境監視などへとサービスの応用範囲は広がっている．これら各種サービスの展開を見ていくことにする．

第Ⅳ部では，ディジタル時代のメディアを通じたコミュニケーションが，個人や社会にどのような影響を与えるかについて考察していく．そして，メディア社会に生きる人類が継続して考えていかなければならない課題を確認する．

本書の扱う分野は進展が著しい．特に情報サービスの展開については時々刻々の状況を観察しながら理解する必要があろう．しかし，メディアの科学的理解と社会的考察については普遍的な事項をおさえたつもりである．情報学の基本を学ぶテキストとして活用されることを期待している．

平成28年2月　著者

情報メディア論
テクノロジー・サービス・社会

CONTENTS

まえがき iii

I メディアとは何か？ 1

1. 情報を伝えるメディア 2
1.1 メディアの定義 2
1.2 メディアの特質 5

2. メディアの歴史 8
2.1 文字の時代 8
2.2 音・画像メディアの黎明期 9
2.3 電子通信技術の時代 10
2.4 ディジタルの時代 12

II メディアテクノロジー 15

3. メディアの符号化 16
3.1 文字 16
3.2 音 18
3.3 画像 20
3.4 動画像 24

4. 情報の表現と理解 26
4.1 Webデザイン 26
4.2 音の合成 28
4.3 音声の合成と認識 29
4.4 画像の合成 32
4.5 画像の認識 36
4.6 メディア・アート 37

5. 通信ネットワーク 40
- 5.1 電話網 40
- 5.2 携帯電話網 41
- 5.3 放送網 43
- 5.4 インターネット 45
- 5.5 ネットワークとの接続 48

6. メディアの携帯化と遍在化 52
- 6.1 携帯機器の発展 52
- 6.2 携帯情報機器の一元化と情報環境の遍在化 58
- 6.3 識別コード，IC カード 59

7. 知覚を補助するメディア 62
- 7.1 メディア機器との対話 62
- 7.2 バーチャル・リアリティ 64
- 7.3 オーグメンテッド・リアリティ 68
- 7.4 ブレイン・マシン・インタフェース 70

III メディアサービス 71

8. ソーシャル・メディア 72
- 8.1 コミュニケーションの進化 72
- 8.2 コミュニケーションのさまざまな形態 73
- 8.3 ソーシャル・メディアの影響 76

9. 社会インフラとサービス 80
- 9.1 行政 80
- 9.2 交通 82
- 9.3 医療・福祉 83
- 9.4 教育 86

10. ビジネスを支えるメディア 90
- 10.1 金融 90
- 10.2 電子商取引 92
- 10.3 マーケティング 93

11. 教養とエンタテインメント 98
- 11.1 書籍 98
- 11.2 音楽 100
- 11.3 映像・画像 103

11.4　ゲーム　106
12. 生活環境を支えるメディア　110
12.1　生活環境のメディア化　110

12.2　生活の支援　112

12.3　環境モニタリング　114

IV　メディアと社会　119

13. メディアと情報モラル　120
13.1　他者との共存　120

13.2　情報空間の問題　122

13.3　情報モラル　124

14. メディアと人間の発達　130
14.1　メディア社会を問い直す　130

14.2　メディア社会と社会的な人間発達　132

14.3　情報・メディア・人間　134

15. メディア社会の行方　138
15.1　情報技術と社会　138

15.2　メディアと個人　140

参考図書　143

索引　144

本書に記載されている会社名，製品名，サービス名などは，一般に各社の商標または登録商標です．本文中で®マーク，©マーク，™マークは省略しております．
URLなどは，2016年2月1日現在のものです．

I
メディアとは何か？

1. 情報を伝えるメディア
2. メディアの歴史

1 情報を伝えるメディア

「メディア」という言葉はさまざまな意味で用いられる．本章では「メディア」をテクノロジーとしてのメディア，サービスとしてのメディア，コミュニケーションのためのメディアの3つの視点で分類する．これらの見方は本書のⅡ部～Ⅳ部と対応している．

1.1 メディアの定義

情報について

今日「情報」という言葉が頻繁に用いられるが，それは「情報」の扱い方が技術の革新により飛躍的に進化し，多様化したからである．その要因のひとつはディジタルコンピュータを用いた情報の処理であり，もうひとつは世界中に情報を伝達すべく張り巡らされたネットワークの活用である．これらの急速な進展は社会に大きな影響を与えている．

国際標準化機構（ISO/IEC 2382:2015）や日本工業規格（JIS X 0001情報処理用語―基本用語）では，今日の技術的活用を重視して「情報」を次のように定義している．

> 事実，事象，事物，過程，着想などの対象物に関して知り得たことであって，概念を含み，一定の文脈中で特定の意味をもつもの
>
> JIS X 0001 01.01.01

「情報」は英語のinformation（インフォメーション）にほぼ対応している．informationは「形を与えること」を原義としている．また，intelligenceの訳語として，諜報（相手の様子を調べて知らせること）の意味で「情報」が使われることもある．

テクノロジーとしてのメディア

メディアは「媒体」のことであるが，本書では「情報を運ぶ媒体」すなわち「情報メディア」を意味している．情報はさまざまな媒体（＝メディア）を経由してヒトに伝えられ，発信される．

図1.1は情報の蓄積や流れに対応したメディアの分類を示している．ヒトは知覚機能として，視覚，聴覚・発声，触覚などの体性感覚，嗅覚，味覚といった感覚機能を備えている．これを「知覚のメディア」という．とりわけ視覚や聴覚は情報のメディアとして重要である．

「入出力のメディア」とは，知覚が情報と向き合う機器類などの接点であり，スクリー

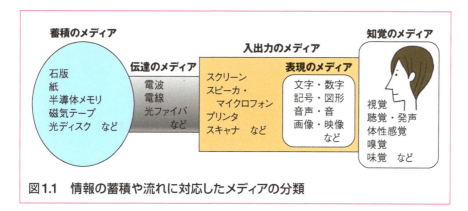

図1.1 情報の蓄積や流れに対応したメディアの分類

ン，液晶ディスプレイ，スピーカ，プリンタなどのさまざまな提示装置やキーボード，スキャナ，マイクロフォンなどの入力機器が用いられる．それらに用いられる「表現のメディア」は文字，数字，記号，図形，音声，画像，映像などである．

情報はさまざまなメディアに蓄積されている．電子的な「蓄積のメディア」としては半導体メモリや磁気テープ，光ディスクなどがあげられる．

蓄積された情報や遠隔からの情報は，無線や，光ファイバや銅線などの有線の「伝達のメディア」によって伝えられる．

このようにメディアは情報の流れに沿ってさまざまな分類ができる．蓄積，伝達，入出力の部分はテクノロジーの進化とともに変化しており，それぞれにおいて技術的な理解が必要である．これらの事柄は第Ⅱ部で取り上げる．

サービスとしてのメディア

メディアはまた，情報サービスの形態として捉えることができる．よく使われる言葉に「マスメディア」があり，新聞，雑誌，テレビ，ラジオなどを指す．マスメディアは不特定多数に向けて一方的に情報を流すしくみである．これに対し，個人を対象としたしくみに郵便や電話があり，これらは「パーソナルメディア」と呼ばれる．これらのサービスは形態上，図1.2（a）に示すように，実体を配布するものと電子的な情報を送信するものとに分類することができる．しかし今日では，ネットワークの普及によりこのような分類だけでは不十分である．ディジタル化により放送には双方向性の機能が加わり，インターネットでは限定的なグループを配信対象としたサービスも多い．多様化したサービスとしてのメディアについては第Ⅲ部で取り上げる．

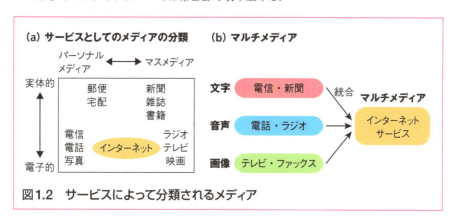

図1.2 サービスによって分類されるメディア

1．情報を伝えるメディア

図1.3　ヒトとヒトとのコミュニケーションで情報は確実に伝わるのだろうか？

　また，図1.2（b）に示すように，かつては文字は新聞，動画像はテレビ，といったように，表現メディアによって使う伝達メディアやサービスのメディアが異なっていた．しかし，ディジタル技術によってこれらが統合され，ひとつの伝達メディアで複数の表現メディアを扱うことができるようになった．マルチメディアとは，複数の表現メディアをひとつの伝達メディアによって統合的に扱う表現メディアである．技術的にはディジタル化によって各種の表現メディアが一元的に取り扱えることを意味する．

コミュニケーションのためのメディア

　工学的な情報を扱う意味でのメディアは，画像の階調数や画素数，1秒間に伝送できるビット（bit）数を表すビットレートなどで，そのメディアの持つ能力を定量的に記述することができる．

　一方，広義での情報を扱う場合，メディアの意味は「コミュニケーションを媒介するもの」となる．図1.3はヒトとヒトとのコミュニケーションを表している．ヒトからヒトへの情報伝達を考える場合，これが工学的な意味でのメディアによる情報伝達と同じように機能するためには，言葉というものが情報に対して一義的に決まる記号でなければならない．しかし，言葉は多様であり一義的ではないので，情報としての意味が確実に伝達されることは難しい．例えば，授業で伝える内容は，教える言葉や教員によって受け取る学生側の解釈に違いが生まれる．解釈がまったく異なっていたのでは言葉によるコミュニケーションは成り立たないが，ヒトは言葉や学びの経歴を共有することでだいたいの情報の共有を可能にしているのである．

　また，技術的なメディアの違いによっても伝わる情報は影響を受けることになるだろう．マーシャル・マクルーハンは「メディアはメッセージである」という言葉を残している．これはどのようなメディアを用いるかで伝わる情報が変わることを意味しており，当時マクルーハンはテレビで伝えられる情報の受けとめられ方がそれまでのメディアとは異なることを指摘していた．このような問題は今日，「メディア論」「コミュニケーション論」として心理学や社会学の重要なテーマになっている．このような社会と関わるメディアの問題については第Ⅳ部で取り上げる．

マーシャル・マクルーハン（1911-1980）
カナダの文明批評家．メディア論の先駆者として知られる．

1.2 メディアの特質

さまざまな情報メディア

情報は何らかのメディアの上に表現されることによって伝達が可能となる．しかし，すべてのメディアが同じ機能を果たすわけではない．すなわち，情報伝達は，それぞれメディアの特性に拘束されている．コミュニケーションを媒介するという点では共通しているが，メディアの特性によって伝達内容や伝達範囲，さらにはその影響は異なることになる．

メディアの起源を厳密にさかのぼることは難しいが，洞窟壁画としていまに残る絵画や図像に意味を見いだすことは可能であろう．このとき「壁」は，明らかにメディアとして機能している．

言語は，他の動物にはないヒトが持つ特殊能力のひとつである．音声としての話し言葉の伝達は，そこに居合わせることがひとつの前提である．しかし，文字の発明によって，時間を越えたメッセージの伝達が可能になった．石に刻まれた文字，動物の皮に記された文字，さらには古代エジプトで用いられたとされるパピルスに記された文字など，文字というものが人類の過去の出来事をいまに伝えている．このとき「石」も「動物の皮」も「パピルス」もメディアなのである．

そのようななかで，ヨハネス・グーテンベルクによる活版印刷技術の実用化は文字による情報伝達のあり方を大きく変えることになった．活字を用いた印刷物が普及することにより，不特定多数の他者に情報が提供され，それらは書物，やがて新聞といった形態を持った．

その後の情報通信にまつわる技術の進歩は，電信，電話，ラジオ，テレビとその影響範囲を拡大することになった．そして，コンピュータとインターネットの出現によって新たな局面を迎えた．インターネットを介した情報伝達は，文字のみならず，画像や音声をも含んだ複合的なものになった．さらに現在は，携帯電話，そしてスマートフォンの出現で機能がモバイル化されている．ここには，メディアの発達史というべき「メディアの歴史」を見いだせる．

> **ヨハネス・グーテンベルク（1398頃-1468）**
> 金属活字による活版印刷を実用化した技術者．聖書の印刷による普及に貢献した．

パーソナルメディア

メディアを「コミュニケーションを媒介するもの」と捉えるとき，そこには特定の相手との関係を見いだすことになる．特定の相手との間で情報のやりとりをするときに用いられるメディアが，パーソナルメディアである．手紙や電話といったものがその代表であり，双方向性が大きな特徴となる．そしてその双方向性は当事者間の閉鎖的な（パーソナルな）ものとなる．手紙も電話も用い方によっては不特定多数の人に対する行為となるが，その場合，双方向性という特徴は，関係する人の数が多くなればなるほど弱くなり，またパーソナルという閉鎖的特徴も失われることになろう．

マスメディア

不特定多数の広範な人に対して同時に情報を提供するメディアをマスメディアと呼ぶ．

テレビ，ラジオ，新聞，雑誌などがその典型で，これら4つは「マス4媒体」と呼ばれることもある．パーソナルメディアが特定の相手を前提にしているのに対して，不特定多数の相手を前提にしているところにマスメディアの大きな特徴がある．そして，情報の発信者と受信者の間では，一方向性がその特徴となる．現在，テレビのディジタル化が進み，双方向性が実現しつつあるが，個別的対応はいまだ発展の途上にある．

マスメディアは，一個人では収集できないような情報を個人に代わり集めて提供してくれる．情報の発信源は特定され，その責任の所在も明らかであることにも特徴がある．そこには，開放的性質が伴い「公共的役割」が生じる．その一方で，ステレオタイプの形成や情報操作等の問題も孕む．この問題は，マスメディアの持つ一方向性に由来するところでもある．

ネットメディア

インターネットの普及は現代の情報環境を大きく変えた．インターネットの世界において，情報の伝播は世界規模のものとなり，しかも不特定多数の人への配信を可能にしていることから，従来のマスメディアの特徴を持つといえる．その一方で，インターネットの持つ双方向性は，パーソナルメディアと共通する特徴も兼ね備えているといえる．このようにインターネットは，これまで性質を異にしていたパーソナルメディアとマスメディアの両方の特性を持つことになった．世界の人々をつなぐこのメディアは，まさに「ネット（クモの巣のように張り巡らされた）」メディアと呼ぶことができよう．

ネットメディアのもうひとつの特徴は，複数の異なる表現メディアをひとつの伝達メディアで取り扱っている点にある．ひとつの画面のなかで，文字情報，音声情報，画像情報（静止画・動画）などが同時に伝達されており，マルチメディアと呼ばれる事態がそこにある．インターネットは，文字，音声，画像というさまざまな表現形態を複合的に伝達することを可能にしたのである．

モバイルメディア

モバイルメディアはまさにそのモバイル性（携帯性，移動性）に大きな特徴がある．インターネットの普及と時を同じくして，携帯電話の普及も始まった．当初，通話機能だけだった携帯電話もインターネットの機能を兼ね備えるようになった．やがてスマートフォンと呼ばれる機器が出現し，情報端末としての機能を担うようになる．通話機能を保持しながらもその主たる使用目的は情報の収集，そして，情報の発信に変わった．なにより機器の操作の場を室内に限らず屋外へと拡大したことは，私たちの生活のあり方を大きく変えた．

これらのメディアは，時と場所を選ばないで情報の送受信ができるという点で他のメディアと異なる．情報へのアクセスが容易になる反面，その利用にはこれまでにない注意を要することも事実である．これらの問題については，第Ⅳ部で詳しく取り上げる．

章末課題

1. 情報を伝えるメディア

● 日常で自分が利用しているメディアを図1.1に従って分類せよ．

蓄積のメディア	伝達のメディア	入出力のメディア （表現のメディア）	知覚のメディア

2. メディアの歴史

● これまでに自分が使ってきたカメラを列挙し，撮像素子の大きさや画像数などに関する技術仕様をまとめよ．
● 磁気テープの種類をあげ，アナログかディジタルかの違いをはじめとする仕様をまとめよ．

2 メディアの歴史

人類がどのような情報をどのようにして発信し，記録し，そして伝達してきたか？今日のディジタル時代を迎えるまでのメディアの技術的変遷をたどる．

2.1 文字の時代

音声言語

あらゆる動物は，知覚を通じて生命の維持と種の繁栄に関する情報のやりとりをはかってきた．そのなかで，ヒトのコミュニケーションの特徴は，言語を用いて情報を送受する点にある．ヒトは知的な情報や感情を伝えるために，音声によって言語をつかさどる表現メディアを獲得した．すなわち最初の情報メディアは音であり，音声言語が情報メディアの主役である時代が始まった．

音声は感情を含んだ多様な情報を織り込めるメディアであるが，一過性のものであり，そのままのかたちでは時間や空間を越えることはできない．情報はそのつどヒトの記憶となって蓄積され，あらためて伝達されることになる．したがって，この記憶が途絶えたり，内容が変更されたりしないようにさまざまな工夫がなされる．民族の歴史や伝統を詩歌や舞踊に託す伝承方法は，伝達エラーをなくすための工夫といえる．

文字と印刷術

文明の発展により，多くの民族は文字を発明し，情報をかたちに記録することを始めた．記録・蓄積メディアの誕生である．形で意味を表す絵文字から象形文字が生まれた．漢字は象形文字の発展形であり，意味とともに音節も表している．これに対しアルファベットなどの表音文字などは音素のみに対応しており文字自体は意味を表さない．

文字の記録メディアには優れた収納性と耐久性が求められる．古代エジプトでは，水生植物の茎の繊維を加工したパピルスが発明され，紙（ペーパー）の語源となった．中世には耐久性に優れた羊の皮を加工した羊皮紙が用いられたが，今日の紙に近いものは植物繊維を加工処理したものとして漢時代の中国で発明され，12世紀にかけて西洋に伝えられた．

文字は写し取ることによって伝達メディアにもなるので，特に宗教などの教義については写本が情報伝達に大きく寄与した．文字の情報伝達能力を飛躍的に高めたのはその後の印刷技術である．木版は唐の時代の中国から仏教の経典の作成に使われてきた．象形文字については1つの文面に対して1枚ずつ版がつくられた．一方，字数が限られた

音素と音節
音素とは，音声を区別するための音の最小単位であり，母音や子音などに分類される．
音節は，音素の組み合わせからなる言語固有の発声単位であり，日本語ではカナ文字がほぼ対応する．

表音文字については活字を用いることにより版の製作が効率化された．グーテンベルクが始めた活版印刷は，聖書などの普及に大きな役割を果たした．

音楽も音符という記号で記録していくことができる．作曲された音楽は譜面の出版というかたちで記録されると再演することができるようになり，譜面が重要な意味を持つ西洋音楽のスタイルができあがった．

印刷物は記録をより多くの人たちに配信することが可能である．印刷技術の発明は著作権などの権利を確立し，著作者の信頼や権威，社会的地位を築くことにもつながった．印刷物は長期の保存にも耐え，時間を越えた情報伝達媒体である．今日でも活字印刷物は信頼でき，権威あるメディアの中心にあるといえる．

物流と新聞

情報を流通させるサービスは，印刷物や物品を届けるための物流のしくみである道路や鉄道などの交通網の発展とともに整備されていった．特に信書を届けるしくみとして郵便がある．日本では伝馬や飛脚の制度が古くからあり，近代の郵便制度は明治時代に確立されている．

新聞は社会の出来事をいち早く紙に印刷して配布するものであり，日本では17世紀に瓦版が存在した．近代の日刊新聞は1870年創刊の横浜毎日新聞が始まりである．現在まで個別配達のしくみに支えられ，世論形成に重要な役割を果たしてきたが，インターネットの隆盛で売り上げが落ち込み，電子版が並行して提供されている．

2.2 音・画像メディアの黎明期

音の記録と再現

音は空気の振動であるが，その振動波形を溝に刻み込んで記録し，それをトレースすることで再生ができるしくみが考案された．これが蓄音機である．トーマス・エジソンらの蓄音機は当初，筒の表面に溝を記録していたが，エミール・ベルリナーが円盤型の記録メディアを開発したことで今日のレコード盤記録の原型ができあがった．しかし，機械的なしくみだけで音を鳴らすことには性能に限界があり，電子技術の力を借りて普及することになる．

イメージの記録と再現

視覚によって捉えられるイメージを記録し，伝達するための有力なメディアは絵画であり，複製できるものとして版画が用いられてきた．また，視覚イメージを平面に投影する「カメラ・オブスクラ」と呼ばれた技術は，イメージをそのまま記録する手段ではなく，絵画に写し取る道具として16世紀ごろから使われてきた．しかし，19世紀に入ると化学変化により光に反応する感光体を用いた現像技術が開発された．絵に代わる写真の発明は，画像イメージの記録に革命をもたらした．さらに写真乾板やフィルムの発明により写真の扱いが簡単化された．

また19世紀末には，写真をコマ送りすることによる動画がつくられ，映像の先駆けと

トーマス・エジソン（1847-1931）
電気技術を応用した発明家，起業家．電球，蓄音機，映写機など，事業化したものは数えきれないほどある．

エミール・ベルリナー（1851-1929）
円盤型レコードの発明者．Grammophon（グラモフォン）社の設立は，今日に至るレコード音楽産業の出発点となった．

(a) ホテルのロビーにて電話で音楽を聴く婦人（De Natuur, 1893 年刊行）
(b) パリ万国博覧会で上映されたシネマトグラフ（De Natuur, 1900 年刊行）

図2.1 19世紀後半の科学雑誌 De Natuur に紹介されたメディア機器の例
[Leonard de Vries（1971）Victorian Inventions, John Murray Publishers]

リュミエール兄弟（オーギュスト 1862-1954, ルイ 1864-1948）
スクリーン上映による映画の発明者で, 1895 年に実写映画を初めて上映. カラー写真の開発でも知られる.

なった. T. エジソンはコマ送りで撮影されたフィルムを見る装置として「キネトスコープ」を発明した. スクリーンに投影したのはリュミエール兄弟（兄・オーギュスト, 弟・ルイ）による「シネマトグラフ」が最初である. こうして映像が記録, 蓄積され, 伝達できるようになった. 図2.1 は 19 世紀後半の科学雑誌に紹介された電話と映像上映の図版の一例である.

感光フィルムを用いた写真はほとんどがディジタル記録にとって代わられたが, 今日でも使われる記録媒体である.

2.3 電子通信技術の時代

メディアの電子化

19世紀に入り, メディアの扱いに大きな変化が現れた. 電気の活用である. 電気はエネルギーとしての利用から始まったが, 19世紀末に符号や波形として情報を扱う電子通信技術が開拓されると, メディア技術は一挙に進展を遂げた.

まず一過性だった音の情報が, 時間と場所を越えられるメディアとなった. 電気蓄音機や電話の発明である. これらの発明を支えたのは音響振動と電気信号とを相互に変換するマイクロフォンやスピーカなどの電気音響変換技術である. また微弱な電気信号を増幅するための回路技術も重要な役割を担った.

電気音響変換技術
→ 3.2節参照

走査（スキャン）
画像などの2次元的なデータを一定方向に順に読み取っていくこと.

またイメージ情報に関しては, 電子的な感光体や発光体を走査（スキャン）しながら光の情報と電気信号とを相互に変換する光電変換技術が画像メディアに革新をもたらした. 真空管内で電子ビームの照射方向を磁場で走査する技術により, 撮像管やテレビ受像管が生まれた. テレビジョン（テレビ）の発明により, 画像や映像がメディアとして大きな役割を担う時代となる.

アナログ技術によるこれらのメディアの記録や表示には，音については溝を刻んだレコードや磁気テープ，写真についてはフィルムといったように，一つひとつ異なる技術や手段が適用される．これらのメディア情報は電子技術や機械技術によって連続的なアナログ信号で表現され，各メディアに固有の方式で蓄積，伝達，入出力，そして表現が行われる（図2.2）．これらの諸メディアに関わる技術は，およそ百年かけて発展し，成熟していった．

電気・電子通信による情報通信

　郵便や物流に代わり，情報通信に大きな影響を与えたのが電気・電子通信による情報サービスである．文字などの記号情報は電流の断続的な変化によって符号化して送受する電信がまず登場し，走査という方法で画像情報を符号化して電信するファクシミリ（ファックス）へと発展した．

　音声をそのまま電気信号として送受できる電話は1876年に発明され，早くも1890年

(a) タイプライタ

(b) テープレコーダ

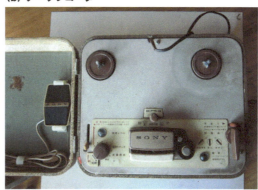

(c) カメラ

(d) レコーダ一体型ビデオカメラ

図2.2　表現メディア別に進化した機器
(a) タイプライタは文字を活字化する道具としてアルファベット言語の国で進化した．キー配列は今日のPCのキーボードの配列パターンQWERTYに受け継がれている．写真はROYAL（ロイヤル）社の可搬モデル（1926年発売）
(b) 手軽に音が録音できる家庭用テープレコーダはソニーが開発した．写真はソニーTC-201（1959年発売）
(c) カメラは今日，日本のお家芸であるが，普及型カメラはフィルムメーカの貢献が大きい．写真はKodak（コダック）社のスターレット（1959年発売）
(d) ビデオのカメラとレコーダは別の機器であったが，はじめてコンパクトに持ち運べる機種が登場した．日本ビクターのGR-C1（1984年発売）はVHS-C規格の小型カセットを用いている．

音響技術	画像技術	電子通信技術
電話機 1876 電話の発明〈ベル〉 1890 磁石式交換機の導入（日本） 1926 自動交換機の導入（日本） **オーディオ** 1877 フォノグラフの発明〈エジソン〉 1887 円盤レコードの発明〈ベルリナー〉 1888 磁気記録の発明 1928 テープレコーダの発明 1948 LPレコードの発売 1957 ステレオレコードの発売 **ラジオ** 1920 ラジオ放送の開始（米） 1925 ラジオ放送の開始（日本） 1954 ステレオ放送（2波利用）の開始（NHK）	**カメラ** 1839 銀板写真の発明〈ダゲール〉 1885 ロールフィルムの開発〈イーストマン〉 **映画** 1646 幻灯装置の発明〈キルヒャー〉 1891 キネトスコープの発明〈エジソン〉 1895 スクリーン映写機シネマトグラフの発明 **テレビ** 1873 光電変換の発見 1897 ブラウン管の発明 1926 ブラウン管による映像伝送の実験〈高柳〉 1933 撮像管の発明 1953 テレビ開局（日本） 1960 カラー放送の開始（日本） **ビデオ** 1970 固体撮像素子CCDの発明（米） 1975 固体撮像カメラの試作（日本） 1976 家庭用ビデオレコーダの発売（日本）	**電子技術** 1905 三極管の発明〈デフォレスト〉 1948 トランジスタの発明 **無線通信装置** 1888 無線電磁波の実験〈ヘルツ〉 1895 無線通信機の発明〈マルコーニ〉 〈　〉は発明者

図2.3　19世紀から20世紀にかけてのアナログ時代におけるメディア技術・機器の発達

には東京－横浜間で電話交換サービスが開始された．

さらに同じころには電磁波を用いて電気信号を無線で送受する無線通信技術が開発された．無線通信で送信する場合は電波を管理するための法規制が必要になる．許可された放送局から一方的に配信されるラジオ放送やテレビ放送のサービスは，視聴者は受信機だけを用意すればよいので広く普及した．放送サービスは新聞と並んで今日でもマスコミュニケーションを担う重要なメディアである．

図2.3には19世紀から20世紀にかけて発達したメディア技術や機器の事例を音響技術，画像技術，電子通信技術に分けて示している．

2.4　ディジタルの時代

ディジタル技術の登場

すべての記号化された情報を0と1の数値で符号化するディジタル技術は電子計算機と

ともに発展し，個人を対象とした機器であるパーソナルコンピュータ（以降PCと略す）に発展した．

音楽の標準的なディジタル記録フォーマットとしてコンパクトディスク（CD）が市場に登場したのは1982年である．CDは音に限らず，映像や文字も記録できる．CDの規格は国際標準化されているが，以後に登場するDVDは業界規格であるため，派生規格が多い．それだけ競争が激しい分野であるといえる．ディジタル記録メディアはめまぐるしく変化しており，登場から年月を経た今日でも通用するCDの存在は奇跡的であるともいえる．

ディジタル技術は数字や文字だけではなく，音や画像，映像も区別なく符号化して記録，伝送することができる．つまりディジタル系ではさまざまな表現メディアがビット単位で統合されることを意味する．しかし，PCを中心にディジタルメディアが統合されるのはディジタル化が進んでしばらく後のことである．当初のPCは文字が主体であったが，やがて画素単位で画像を構成するゲーム用に進化し，さらに音響や映像が扱えるように発展した．音響や映像に対応したPCは特に「マルチメディアPC」と呼ばれた．

ディジタル記録メディアは簡単に複製（コピー）をつくることができる．またディジタル符号化されたものはさまざまな出力メディアに変換できる．例えば，電子データとした文書は，必要なときに印刷物として出力することができる．

国際標準規格と業界規格
国際標準規格とは，国際標準化団体（ISO, IEC, ITUなど）が策定した規格を指す．業界規格はその業界独自の規格（世界標準ではない）．

音響系

オーディオ
- 1982 コンパクトディスクの発売
- 1992 ミニディスクの発売
- 1998 MP3 携帯プレーヤの発売
- 2001 iTunes の開始
- 2014 ハイレゾリューション・オーディオの定義化

電子楽器
- 1980 サンプラー（フェアライト CMI）の発売
- 1981 MIDI 規格の制定
- 1983 FM シンセサイザ（ヤマハ DX-7）の発売

画像系

ビデオ
- 1983 放送用ビデオ規格（D1）の制定
- 1990 PC 用 QuickTime の導入
- 1994 ビデオカメラ用規格（DV）の制定

映画
- 2002 映画『スターウォーズ エピソード 2』ディジタル撮影
- 2006 ディジタルシネマ規格（DCI）の制定

テレビ
- 1988 ディジタル放送実験（英）
- 2012 地上波完全ディジタル化（日本）
- 2014 UHD（超高精細度）TV放送の開始（日本）

ディジタル処理・通信

コンピュータ
- 1942 ディジタルコンピュータの登場
- 1971 マイクロプロセッサの発売
- 1978 ワープロ（東芝）の発売
- 1981 16 ビット PC（IBM）の発売
- 1984 Macintosh（Apple）の発売
- 1995 Windows95（マイクロソフト）の発売

ゲーム
- 1978 スペースインベーダーの登場
- 1983 ファミコンの発売

ネットワーク
- 1969 ARPANET の開始（米）
- 1984 INS ディジタル回線実験（日本）
- 1985 研究機関の TCP/IP 網の開始
- 1988 商用インターネットの開始（米）
- 1991 World Wide Web の導入
- 1993 ディジタル携帯電話の発売（日本）
- 2001 光ファイバサービスの開始（日本）

図2.4　ディジタル時代におけるメディア技術・機器の発達

2．メディアの歴史

インターネットの登場

インターネット
→5.4節参照

　ディジタル時代になって情報サービスの基盤はインターネットとなる．インターネットはTCP/IPという通信手順（プロトコル）を用いてコンピュータ間で通信を行うネットワークである．インターネットは電話網のような階層型の構成ではなく，コンピュータが対等に接続された分散型の構成をしている．

　インターネットは1985年に研究機関における学術研究用のネットワークとしてスタートし，その便利さから徐々に商用や一般用に開放されていき，80年代後半にはサービス提供を業務とするインターネット・サービス・プロバイダが登場した．そして1991年にはネットワーク上に分散するドキュメントやファイルを自在に参照することができるWWW（Web）システムが登場した．これによってさまざまなメディアは必要に応じてネットワークを経由して獲得することができるようになり，Webはメディアの活用に革命をもたらした．

　図2.4にはディジタル技術が各メディアに導入された年代をおおまかにまとめている．

メディアの進展に伴う産業・経済の変化

　本章では，メディア技術の変化を見てきた．メディアの進展によって産業や経済がどのように変化したかを表したのが図2.5である．

　主力のメディアが声だけの時代では地域での祭りなどが集団的な活動の場であったが，やがてプロフェッショナルな伝道師や歌手が登場し，興行が始まった．文字が発明され，印刷物がメディアとして普及すると知的活動は出版というかたちで経済活動を生んだ．その後，写真や録音物などのさまざまなメディアが登場し，それぞれに固有の記録メディアを売買するかたちで経済が進展してきた．しかし，放送やインターネットが使われるようになると，物品ではなくサービスに課金されるなど経済の流れが変化していった．現状では，インターネットを介して提供されるディジタルメディアで多くのサービスが無料で提供され，広告収入が経済を支えている．メディアの変化は産業や経済に大きな影響を与えているのである．

2章の章末課題は，1章の章末を参照．
→7ページ

図2.5　メディアの進展に伴う産業・経済の移り変わり

II
メディアテクノロジー

3. メディアの符号化
4. 情報の表現と理解
5. 通信ネットワーク
6. メディアの携帯化と遍在化
7. 知覚を補助するメディア

3 メディアの符号化

メディア情報をディジタル符号に変換する手法について述べる．文字はもともと記号であるので符号化は容易である．一方，音や画像は物理現象を電気信号として捉え，それをディジタル符号化するプロセスが必要である．また，音や画像はヒトが感覚として判別できる範囲の精度が得られればよいので，規則的な符号化を行った後，圧縮が行われることが多い．

3.1 文字

文字の符号化

言葉を視覚的に表現するための基本となるのが文字である．文字には音声言語としての音韻に対応する「表音文字」と，直接意味を表す「表意文字」とがある．日本語は表音文字であるカナと，表意文字である漢字の両方が使われる．表音文字しか用いない言語は文字数が少ないので早くから活字の利用が進んだ．活字を使って文書を仕上げる道具がタイプライタである．アルファベットが使われる欧米ではタイプライタが一般家庭で広く使われたが，日本語に対応した漢字タイプライタは文字数が多くて使いやすいものではなかったので普及せず，ワードプロセッサの登場を待つ必要があった．こういった符号化への困難は情報化を遅らせる原因にもなるから日本語の文字をカナ文字に統一しようという極端な意見まであった．

文字の符号化という点においては無線通信の黎明期から使われた長短の信号片からなるモールス符号もそのひとつである．ディジタルデータとして文字を表すものを「文字コード」という．ディジタル符号化によって，アルファベットなどの表音文字は少ないビット数で表現することができる．8桁の2進数，つまり8ビット（256種）で1文字を表現し，これを1バイトとして文字表現の基本とする．これをASCII（アスキー）コードという．文字は記号なので，他のメディアとは違ってディジタル符号化に適しているのである．

しかし漢字を含む日本語体系の符号化には1バイトでは足りないので，2バイトで文字を符号化する．日本語の文字に対してはJIS漢字コード，シフトJISコード，EUC（Extended Unix Code）などが使われる．各言語の文字は2バイト（65536種）あれば十分なので，言語を判断すれば適切に割り当てられるが，多言語を同時に扱うためにはこれでも不足するので，4バイトの表示法が規格化されている．この国際的な文字規格はユニコードUCS4（Universal multi-octet Character Set 4）という．

モールス符号
文字を断続信号の長短で表す．例えば，
A ・—
B —・・・

文字の入力

文字を入力する場合はキーボードが用いられる．キーボード入力では英文タイプライタを起源とするアルファベット（QWERTY［クウォーティー］配列）を用いてローマ字からカナや漢字に変換する方法が多く用いられるが，キーボードに割り振られたカナ文字から漢字に変換する方法もある．この漢字に変換する部分はフロントエンドプロセッサ（Front End Processor）と呼ばれる．また，携帯機器の文字入力は独自の方法が用いられる．これらの変換を行い文章やプログラミングコードを整えるアプリケーションプログラムがテキストエディタであり，さらに文書の体裁に整えるのがワードプロセッサである．

フォント

文字にはさまざまなデザインがあり，これを「書体（フォント）」と呼ぶ（図3.1）．和文フォントの基本は明朝体とゴシック体である．また，フォントには常に一定の幅で割り当てられる等幅フォントと文字によって幅が異なるプロポーショナル（可変幅）フォントがある．タイプライタの時代から使われているのは等幅フォントであり，Courier（クーリエ）などが代表的である．和文フォントについては等幅フォントが基本であるが，プロポーショナルフォントのバリエーションとしてMS P明朝，MS Pゴシックなどがある（図3.1(a)）．

画面に文字を表示したり印刷したりする場合，それをピクセル（画素）の割り当てで決めるビットマップフォントと，その形状を記述するアウトラインフォントとがある．ビットマップフォントは文字の大きさ（ポイント）ごとにデータが必要になるが，アウト

(a)

	明朝	ゴシック
等幅	MS明朝 情報メディアABCDEFGabcdefg	MSゴシック 情報メディアABCDEFGabcdefg
プロポーショナル	MSP明朝 情報メディアABCDEFGabcdefg	MSPゴシック 情報メディアABCDEFGabcdefg

(b)
ビットマップ　情報メディア
アウトライン　情報メディア

図3.1　フォント
(a) 日本語フォントは半角と全角でそれぞれ幅が決まっている等幅フォントと，文字によって幅が異なるプロポーショナルフォントが用いられる．
(b) ビットマップフォントを拡大するともとのビットマップの影響を受けるが，アウトラインフォントを拡大するとサイズに合わせて曲線が補正される．

ラインフォントは大きさに合わせて最適な曲線に合わせたピクセルへの割り当てが行われるので，大きさの調整が可能（スケーラブル）である．アウトラインフォントとビットマップフォントを拡大して表示した場合の違いを図3.1（b）に示す．

アウトラインフォントはAdobe（アドビ）社が印刷用に開発したPostScript（ポストスクリプト）と，Apple（アップル）社とMicrosoft（マイクロソフト）社が共同開発したTrueType（トゥルータイプ）の2系統があり，前者はベジェ曲線，後者はスプライン曲線を用いてアウトラインを構成する．現在はOpenType（オープンタイプ）が規格化され，どちらの形式も含まれる方式となった．

3.2　音

音の符号化

音や光の情報は，入出力機器を介して電気信号として扱われる．これは時間とともに連続して変化するアナログ信号である．音の場合，音波を膜や板の振動で受けて電気信号に変換するのがマイクロフォンであり，逆に電気信号を膜や板の振動に変えて音を放射するのがスピーカやイヤフォンである．これらは「電気音響変換器」と呼ばれる．

ディジタル信号はアナログ信号をある時間ごとに読み取った値の羅列として表される．これを時系列ともいう．信号を伝達したり，蓄積したり，加工したりする場合，アナログ信号をディジタル信号に変換したほうが扱いやすい．ディジタル信号は演算が容易であり，精度が保障でき，再現性に優れているからである．さらに圧縮技術を使って効率的に信号を伝達することができる．図3.2に音や光の信号がディジタル信号に変換される処理およびその逆の処理の流れを示す．

ディジタル信号への変換　標本化と量子化

ディジタル信号は0と1の符号列として表現される．アナログの波形信号をディジタル信号の時系列に変換することを符号化という．符号化はサンプリングのあと量子化という手順を踏む（図3.3）．

まず，アナログ信号の瞬時値を一定の時間間隔で読み取る．これを「サンプリング（sampling，標本化）」という．読み取り値は2進数に変換されるのでその桁数（ビット数という）によって有限個の値に制限される．図3.3は4ビットの例を示しており，$2^4 = 16$通りの値に収める必要がある．サンプリング時の読み取り値に最も近い値をそのなかか

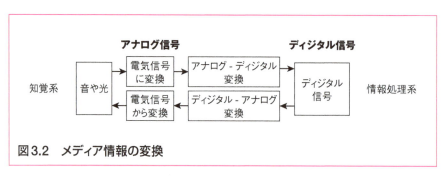

図3.2　メディア情報の変換

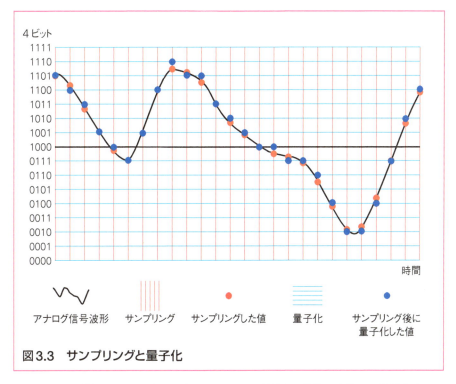

図3.3 サンプリングと量子化

ら選ぶことを「量子化」という．こうしてアナログ信号を2進数に変換して符号化することができる（図3.3では青丸で表しており，1101 1100 1011 1001…となる）．この方法をPCM (Pulse Code Modulation, パルス符号変調) 符号化という．

サンプリング周波数

ディジタル信号の精度は，サンプリング周波数と量子化ビット数で表される．

1秒間にサンプリングするデータの数を「サンプリング（標本化）周波数」という．単位はHz（ヘルツ）で表す．サンプリングを行うと，必ずサンプリング周波数を中心に折り返し（エリアシング）成分が生じる．折り返し成分がもとの信号と重ならないようにするためには，サンプリング周波数は扱う信号に含まれる最大周波数成分の倍以上とする必要がある．つまり，扱える信号の周波数帯域はサンプリング周波数の1/2以下となる．これを「サンプリング（標本化）定理」という．

CDのサンプリング周波数は44.1 kHzであり，可聴域である20 kHzまでの成分の音が含まれる．固定電話のサンプリング周波数は8 kHzであり，電話の音の成分は3.4 kHzまでに制限されている．

量子化ビット数

量子化の精度はビット数で表される．つまり，サンプリングした信号の大きさを何桁の2進数で表現するかによって量子化の精度が決まる．図3.3は4ビットの例であり，$2^4 = 16$通りの値に割り振られている．8ビットであれば信号の大きさを$2^8 = 256$通りの値に割り振って表すことになる．音楽を記録するCDでは，16ビット（$2^{16} = 65536$通り）で表している．

3. メディアの符号化

情報伝送量（ビットレート）

　符号化されたディジタル信号の大きさは，サンプリング周波数と量子化ビット数によって決まる．1秒間のディジタル信号を記録するのに必要なビット数を情報伝送量あるいはビットレートといい，bps あるいは bit/s（ビット/秒）で表す．ビットレートはサンプリング周波数と量子化ビットの積で表すことができる．8 kHz，8ビットの電話音声ディジタル信号は $8000\,(\mathrm{Hz}) \times 8\,(\mathrm{bit}) \times 1\,(\mathrm{ch}) = 64 \times 10^3$ bps（64 kbps）である．CDについてはサンプリング周波数44.1 kHz，16ビット，ステレオ2チャンネルなので $44{,}100\,(\mathrm{Hz}) \times 16\,(\mathrm{bit}) \times 2\,(\mathrm{ch}) = 1.4112 \times 10^6$ bps（約1.4 Mbps）となる．

オーディオ信号の圧縮符号化

　オーディオ信号は，そのまま伝送するとビットレートが1 Mbps を超えるので，ディジタル化当初は伝送路への負担が大きかった．そこでネットワーク配信や放送で使われる場合は情報量の圧縮符号化が行われる．圧縮符号化についてはもとの信号を完全に復元できる可逆（ロスレス）符号化と完全には復元できない非可逆（ロッシー）符号化の2種類がある．

　ヒトの聴覚はスペクトル成分の異なる音が重なるとお互いの成分の感知を妨害し，可聴可能な音のレベルが上昇する．この現象を聴覚のマスキング効果という．このマスキング効果を利用したのがMP3やAACなどの非可逆符号化である．信号を一度スペクトルに分解し，周波数帯域に応じて量子化ビット数を削減している．圧縮率は高く，音楽CDではもとのデータを1/10以下に圧縮した128 kbps のビットレートなどがよく利用されるが，用途に応じてビットレートを可変して品質を調整することができる．

ハイレゾリューション・オーディオ

　CDの規格が策定されてからディジタルオーディオは圧縮符号化へと向かい，音の品質はむしろ低下してきたが，ディジタル系の処理能力は向上し続けている．CDを超える精度の符号化としてサンプリング周波数48 kHz，96 kHz，192 kHz，量子化ビット数24ビットへと分解能を向上した規格が使われており，これらを「ハイレゾリューション・オーディオ」と呼んでいる．

> ハイレゾリューション・オーディオ
> →11.2節参照

　また，量子化を0か1の1ビットに制限してもサンプリング周波数を高速にしてビットレートを確保すれば，符号化できる．このような1ビット符号化は量子化によって生じる誤差を，可聴域を超える高い周波数に追いやることができるので，ハイレゾリューション・オーディオのための符号化の一方式として利用されている．SA-CD（スーパーオーディオCD）規格はこの方式を採用している．

3.3　画像

画素

　画像の取得にはCCDやCMOS型のイメージセンサ（撮像素子）を平面上に並べ，縦横

の走査（スキャン）により区画ごとの明るさを読み取っていく．この区画が画素（ピクセル）となる．ディジタル信号を，サンプリングと量子化の2つの過程を経てディジタル信号に変換するPCM符号化は，画像信号の符号化にも当てはまる．すなわち，サンプリング（標本化）周波数は画素の密度に相当し，「空間スペクトル」という概念が入ってくる．

スペクトルは信号に含まれる繰り返しのパターンの分布，すなわち周波数ごとの成分の大きさを示すデータである．空間スペクトルとは，画像のなかの縦や横の明るさや色の繰り返しパターンの周波数，すなわち空間周波数の分布ということになる．音と同様にサンプリング定理が成り立つ．ピクセルの幅が図形に含まれる縞の周期の1/2より大きい（サンプリング周波数が図形のパターン周波数の2倍以下）と，縞模様が現れることはよく経験する．

CCD
Charge Coupled Devicesの略．

CMOS
Complementary Metal Oxide Semiconductorの略．シーモスと読む．

色彩

ヒトは視野の光景を網膜に投影する．網膜の奥に光を感じる光受容器となる神経細胞があり，これには大きくわけて明暗を感じる桿体と呼ばれる細胞と，色彩を感じる錐体と呼ばれる細胞がある．色彩に対してはそれぞれ赤，緑，青の波長に反応する個別の細胞があり，これらの反応の割合によってヒトは色を識別している．したがって光の色を再現するためには赤（R），緑（G），青（B）の3色の割合を調整して混合する．このような光の混色は加法混合という（図3.4(a)）．量子化に関しては3色（R, G, B）の各色を256階調，すなわち8ビット×3 = 24ビットで表す方式が一般的であり，トゥルーカラー（True Color）モードと呼ばれる．24ビットでカラー表現する場合，無色（白）の各成分の階調度は（R, G, B）=（255, 255, 255），黄色については（255, 255, 0）となる．

図3.4に示すように，光の色の表現にはRGBによる加法混合が用いられるが，印刷の場合はシアン（C），マゼンタ（M），イエロー（Y）による減法混合が用いられる．また黒の発色をよくするために黒（K）を加えたCMYKの4色が印刷インクでは使われる．

なお，ピクセルの色表現には，色情報の他に透明度の情報などが付加される場合が多い．この部分はα（アルファ）チャンネルと呼ばれ，8ビットが割り当てられるので，RGB

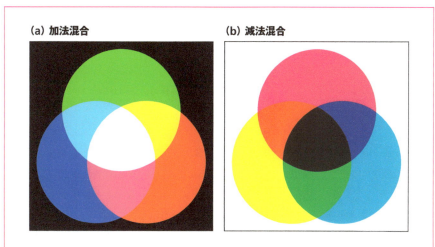

図3.4 色の表現
(a) 光の混色．赤（R），緑（G），青（B）を重ねると無色になる．
(b) インク，絵具の混色．シアン（C），マゼンタ（M），イエロー（Y）を重ねると黒くなる．

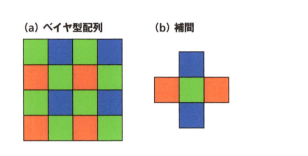

図 3.5　原色フィルタの配列
（a）フィルタ4個が1単位となる．
（b）それぞれの画素（ここでは緑）は周囲の値から他の色情報を補間して色情報を推測する．この例では，中心の緑のフィルタの画素は，上下の画素の値を補間して青の値を推測し，左右の画素の値を補間して赤の値を推測する．

にαチャンネルが加わると，1ピクセルあたりのビット数は32ビットとなる．

色彩情報の取得

ディジタルカメラの撮像素子自体は，光量を捉えるだけで色の識別はできない．したがって素子の一つひとつにカラーフィルタを用意し，通過した光で色を捉える．光の3原色であるR, G, Bのフィルタを用いるものを原色フィルタという．

ヒトは緑に対する感度が高いので，図3.5（a）に示すように緑のフィルタは他の色の2倍用い，4個単位で交互に並べるベイヤ型配列が用いられる．ところでこのままでは1つの画素は1つの色にしか対応できない．そこで図3.5（b）に示すように，それぞれの素子に対し，周りの素子から得られる他の色成分の値を補間し，全体の色を推測する．

なお，フィルタとしてはRGBの補色にあたるC, M, YにGを加えた4つを用いた補色フィルタもよく用いられる．原色フィルタのほうが色の再現が良いが，補色フィルタは感度が高いのが利点である．

ディジタルディスプレイの解像度

ディジタルディスプレイの解像度は，横と縦の画素（ピクセル）の数で表すことができる．また，画像の横と縦の大きさの比率をスクリーン・アスペクト比（SAR）という．代表的なディジタルディスプレイの呼称と画素数の関係は，図3.6のとおりである．

静止画像の圧縮符号化

画像をそのまま符号化すると，その情報量は膨大になる．例えば640 × 480の画面の画素数は307,200で，これを24ビットで表現すると1画面あたりの情報量は7,372,800（約7.4 M）ビットとなる．画像は隣り合う画素がほとんど変化しないことが多く，冗長である．したがって非可逆でデータ量を圧縮する工夫が施される．

JPEG（Joint Photographic image coding Experts Group）は国際標準を決める団体の名称であるが，現在広く用いられている静止画像の圧縮方式の名称ともなっている．音の圧縮符号化では音をスペクトル分解し，マスキングの影響に応じて量子化ビット数を変えるが，画像についても同様なことができる．ヒトの目は，色や明るさが場所ととも

呼称	横縦画素数	SAR	総画素（ピクセル）数
QXGA	2048 × 1536	4 : 3	3,145,728
UXGA	1600 × 1200	4 : 3	1,920,000
SXGA	1280 × 1024	5 : 4	1,310,720
WXGA	1280 × 768	5 : 3	983,040（約100万）
WXGA	1280 × 800	8 : 5	1,024,000
WXGA	1366 × 768	16 : 9	1,049,088
XGA	1024 × 768	4 : 3	786,432
SVGA	800 × 600	4 : 3	480,000
VGA	640 × 480	4 : 3	307,200
－（ディジタルカメラの例）	3648 × 2736	4 : 3	9,980,928（約1000万）

図3.6　代表的なディジタルディスプレイの呼称と画素数の関係

にかたまりとして変化する画像に対する色彩の階調度には敏感であるが，となり合うピクセルとのわずかな色や明るさの変化に対してはそれほど細かく識別していない．このような輪郭を重視した視覚の特徴を圧縮符号化に利用することができる．

　圧縮符号化の概念を図3.7に示す．画素の情報は階調度の空間的な変化の度合い（空間周波数）を表す空間スペクトルに変換する．画像を縦と横にそれぞれ走査（スキャン）したときの画像パターンの大きな変化が低い周波数，細かな変化が高い周波数の成分に対応する．そこで，色成分ごとに 8 × 8 の画素数のブロックに分けてスペクトル変換を行うと，大きな変化を表す低周波成分は値の変動が大きく，細かな変化に対応する高周波数成分の値は変動が小さいという傾向がわかる．ここで，空間周波数の低い部分には十分な量子化ビット数をあてておけば，空間周波数の高い部分での量子化ビット数を減らしても復元される画像はほとんど劣化しない．このような方法で全体のビット数を減らして，データ量を圧縮することができる．写真ファイルの圧縮形式であるJPEGはこの方式でデータ量の圧縮を行っている．

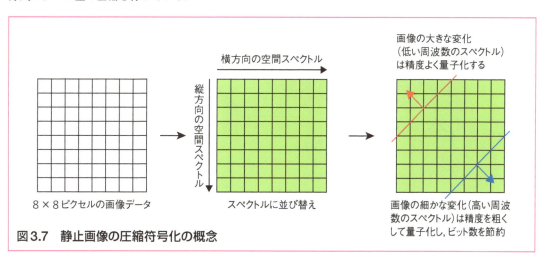

図3.7　静止画像の圧縮符号化の概念

3.4 動画像

動画像の圧縮符号化

先に例にあげたように640 × 480の画面の画素数は307,200で，24ビットで表現すると1画面7,372,800（約7.4 M）ビットになる．これを毎秒30フレームの動画で表現すると，ビットレートは221,184,000（約221 M）ビット／秒（bps）となり，低い解像度でも膨大な大きさになってしまう．

動画像（映像）は静止画像のつながりであるが，つながった画像（フレーム）の間には大きな相関がある．そこで過去のフレームから次のフレームの値を予測し，その予測からの誤差を符号化する（図3.8）．誤差の値は絶対値よりも小さいので，少ないビット数で量子化できるのである．これをフレーム間予測符号化という．また動きのある物体が映像にあるときは，その物体の速度を捉えて予測し，その誤差を符号化する動き補償が行われる．このような方法で，標準TV（SDTV, Standard-definition Television）は3〜5 Mbps，高精細度TV（HDTV, High-definition Television）は15〜20 Mbpsのビットレートに削減される．

この方法はMPEG方式として規格化されている．MPEGとは，その名称Motion Pictures coding Experts Groupが示すように，画像や音響の圧縮の標準化を進める団体名称であり，方式の名称にも使われている．MPEG-1でプログレッシブ方式が規格化され，MPEG-2でSDTV，HDTVのディジタル伝送方式が規格化された．MPEG-4ではメディア情報の中身をオブジェクトとして分離して伝送する機能が規格化されている．

ディジタルテレビの画面

高精細度テレビ放送はアナログ方式として始まったが，2000年にBSディジタル放送が始まり，ディジタル方式での高精細度テレビ放送が広まりつつある．これらの方式をHDTV方式という（図3.9）．いままでのSDTV方式は走査方式が1種類であったが，HDTV方式は2種類ある．

ひとつは従来のテレビで使われているインタレース（飛び越し）走査で，この場合ひ

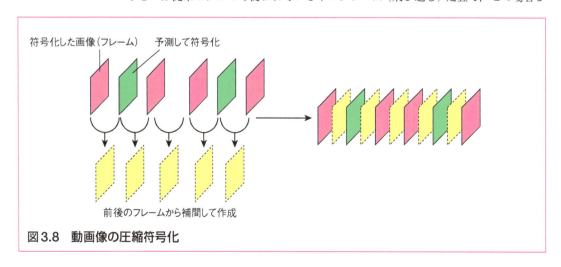

図3.8　動画像の圧縮符号化

略称	解像度	SAR	フレーム周波数(Hz)	走査方式
SDTV	720 × 480	16:9	30	インタレース
		4:3	60	プログレッシブ
HDTV	1280 × 720	16:9	60	プログレッシブ
2K FullHDTV	1920 × 1080	16:9	60	プログレッシブ
4K UHDTV	3840 × 2160	16:9	60	プログレッシブ
8K UHDTV	7680 × 4320	16:9	120	プログレッシブ

図3.9 ディジタル放送のフォーマット(日本の地上波ディジタル)

とつの映像の走査線の数は1125以上とされている．SDTV方式同様にフレーム周波数は30 Hz(フィールド周波数は60 Hz)の規格がよく用いられる．フィールドとは1回のインタレースによってつくられる画面であり，2枚のフィールドで1枚のフレームが完成する(図3.10)．

もうひとつは飛び越しをせず順次更新していくプログレッシブ(順次)走査である．PCのディスプレイではこの方式が用いられる．こちらはひとつの走査線数を720以上としている．フレーム周波数は60 Hzとなる．HDTV方式の解像度は，1920 × 1080を標準としている．日本のディジタル放送に用いられているのは図3.9に示す規格であり，高精細度化が進んでいる．

従来のテレビのSARは4:3(1.33:1)であるが，HDTV方式では16:9(1.78:1)が用いられる．

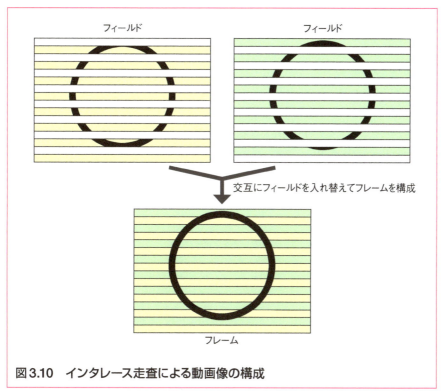

図3.10 インタレース走査による動画像の構成

3章の章末課題は，4章の章末を参照．
→39ページ

4 情報の表現と理解

ディジタルメディア技術の活用により，情報は新たな表現で伝えることができる．また情報を理解することができれば，他の表現メディアに変換することが可能である．Webデザイン，音や音声の合成と認識，画像の処理と認識などの手法について述べるとともにメディア・アートの意味について考える．

4.1 Webデザイン

WWW

インターネット上に分散するメディア情報を参照し合う情報共有形態をWWW（World Wide Web）という．「世界規模のクモの巣」という意味であり，略してWeb（ウェブ）とも呼ばれる（以降はWebと記す）．

インターネット上の住所にあたるIPアドレスは数字であるが，それを名前で記述したものをドメイン名といい，Webページの参照に用いられる．ドメイン名はDNS（Domain Name System）サーバに格納されており，それによってIPアドレスを探し当てて参照する．

Webページの閲覧とは，ドメイン名のなかに格納された複数のhtml文書からなるセットを参照することである．これらのセットをWebサイトという．Webページの所在を記述するのがURL（Uniform Resource Locator）である．これは通信プロトコル名//ドメイン名/パス.../ファイル名で記述される．通信プロトコル（手順）にはhttp（HyperText Transfer Protocol）が用いられる．

URLの例 http://www.edu.media.ac.jp/~koitsubu/lecture/johomedia

http	通信プロトコル名
www.edu.media.ac.jp	ドメイン名
~koitsubu/lecture/johomedia	パス，ファイル名 ファイル名を指定しない場合はindex.htm（html）を参照する

ハイパーテキスト（ハイパーメディア）とHTML

ハイパーテキストとは，Webを通じて相互に参照し合うようなしくみのある文書のこ

とである．なお参照先は文字に限定されるわけではなく，音や画像，映像も含まれるので，ハイパーテキストを通じて参照し合うメディアをハイパーメディアという．

HTML（HyperText Markup Language）は，ハイパーテキストを記述するための言語である．Webブラウザを通じてURLを参照し，Webページを構成する．HTMLはタグ"< >"としてくくられた記述によりテキストのフォントやサイズなどの情報を指定する．このようにテキストのなかにタグを入れてテキストの表示方法を組み込む記述言語をマークアップ言語という．マークアップ言語の標準形としてはXML（Extensible Markup Language）があり，それに準拠したXHTML（Extensible HyperText Markup Language）もハイパーテキストの記述に用いられる．

Webブラウザ

Webブラウザは，HTML形式のハイパーテキストで記述された文書を，Webを通じて閲覧・発信するためのアプリケーションである．Webブラウザを通じてWebを参照するしくみを図4.1に示す．頻繁にアクセスするページは，毎回URLで参照する代わりにキャッシュにより一時的にデータを保存して表示速度を高めている．また企業などではセキュリティのためにインターネットへの直接接続を避け，Webサイトにアクセスするための専用のサーバを経由してhttpによるアクセスを中継する方法が使われる．このような目的のサーバをプロキシ（Web Proxy）サーバという．

またCookie（クッキー）と呼ばれるアクセス履歴を記述するしくみがある．これはアクセスしたWebサイトがユーザ側のPCに書き込むもので，サイトが必要とするユーザ情報を残しておくしかけである．これを用いると，ユーザにはそのサイトにアクセスするたびに前歴を反映した内容が提供される．

Webブラウザの歴史

画像が混在する文書を表示する最初のWebブラウザは，イリノイ大学にある研究所NCSA（National Center for Supercomputing Applications）が1993年に発表したMosaic（モザイク）である．そしてWeb閲覧を一般用に普及させたのはその後に開発されたNetscape Navigator（ネットスケープ・ナビゲータ，通称ネスケ）である．Webの普及に伴い，ネットスケープ・ナビゲータはマイクロソフトが提供するInternet Explorer（インターネット・エクスプローラ）との競争に敗れて姿を消した．マイクロソフトはWindows OSとセットでインターネット・エクスプローラを提供したため，ブラウザの

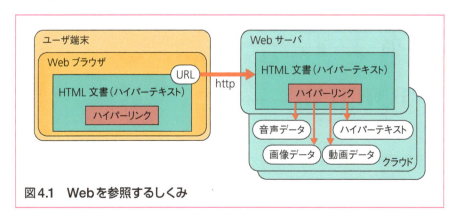

図4.1　Webを参照するしくみ

シェアをほぼ独占することに成功したのである．

　ブラウザはその後も進化が続き，ネットへの常時接続がPCの使い方の基本になった現在では，その役割の重要性は大きい．インターネット・エクスプローラのほか，Google Chrome（グーグルクローム）やアップルのSafari（サファリ），オープンソースのFirefox（ファイアフォックス）などが広く利用されている．また，携帯端末のブラウザには，OSに直結しているものが多い．

Webページのデザイン

　Web上から情報を取得・発信することが欠かせない今日では，Webページのデザインはきわめて重要である．ここでいうデザインとは，審美的なことだけではなく，ページレイアウトやページ全体の内容構成が含まれる．ページの見た目の統一をはかるには，CSS（Cascading Style Sheet）と呼ばれるスタイルシートが用いられる．

　アニメーションなどを取り入れた動きのあるWebページをつくるソフトウェア群としては，アドビが提供するFlashがよく知られている．またHTMLも動画に対応できる仕様としてHTML5を制定している．

4.2　音の合成

楽音の合成

　音楽の演奏に用いる楽器には，自然楽器に加え，電子楽器が存在する．黎明期の電子楽器の音源は電子回路によって生成された信号であったが，次第に録音された音の波形（サンプル音源）を処理する方式が増えていった．楽器自体がPCのソフトウェアで構成されることもある．楽曲の制作がPC上だけで完結する場合もある．画像の場合は実写かCGかにふつう区別されるのに対し，音楽の場合は自然音源と合成音源が融合していることが多い．

　ディジタル電子楽器やコントローラ間で音楽情報を扱う規格としてMIDI（ミディ，Musical Instrument Digital Interface）がある．MIDIを用いた音楽再生の基本的な構成

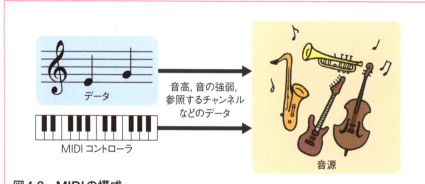

図4.2　MIDIの構成
当初は音源が別のハードウェアであったが，現在は音源もPC内にあり，ソフトウェア的に処理されることが多い．

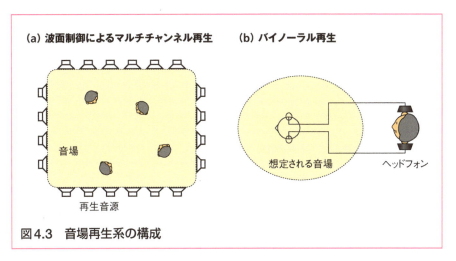

図4.3　音場再生系の構成

を図4.2に示す．MIDIに従えば，音高，音の強弱，参照するチャンネル（楽音の選択）などの情報に基づき音源を操作し，音楽を演奏することができる．MIDIは譜面をデータファイルとして記録することができ，波形で記録されたトラックと組み合わせて音楽の制作に用いられる．

MIDIは31.25 kbpsのビットレートの規格であり，1982年に公開された．情報量が小さいことから音楽のネットワーク配信にも広く使われてきたが，現在ではPC内でソフトウェア音源をコントロールする情報として活用されている．また，ネットワークを利用した音楽情報の通信規格としてはOSC（Open Sound Control）がある．

音場再生

音の知覚は空間的であり，到来方向が異なる音源や音の反射による響きの空間的な広がりが音場に臨場感を与えている．したがって音楽の再生では，このような空間性を付与する必要がある．広く使われているのは2チャンネルのステレオ系であり，記録音楽の標準方式になっている．

音場を制御するためにはその周囲をスピーカで覆う音の波面制御という考え方があり，限定的ではあるが映画館などで臨場感を演出するためにスピーカを配列したマルチチャンネル系が用いられる（図4.3(a)）．

ゲームやバーチャルリアリティでは，個人を対象に臨場感を出すための3次元音場再生が用いられる．ヒトは左右の耳で全方位の音の定位を得ている（音の到来方向を検知している）．したがって両耳で捉えられる信号をそのままヘッドフォンなどで再生することができればよいので，これをシミュレーションする方法が適用される．これをバイノーラル再生という（図4.3(b)）．

4.3　音声の合成と認識

音声翻訳

音声言語はヒトにとって最も直接的な情報伝達手段である．音声波形とテキスト言語

図4.4　音声翻訳システムの構成

との関連がわかれば，音声の文字への変換（音声認識）あるいは文字の音声への変換（音声合成）といった，情報システム系で扱いやすいテキストデータとの連携が可能になる．各民族がそれぞれの文化を背景に独自の言語を持っているが，それは国や民族間の日常的なコミュニケーションの障害にもなっている．そこで音声認識・テキスト翻訳・音声合成を組み合わせることによって自動音声翻訳が実現できる．すべてをシステム任せにできるわけではないが，これらが実現すれば日常的な国際交流はより盛んになるであろう．図4.4は音声翻訳システムの全体的な構成を示している．

音声の特徴

　音声は図4.5（a）に示すような発声器官の動的な変化によって生成される．基本的には肺から出る呼気が声門にある声帯を振動させ，口腔や鼻腔の声道を抜けて放射される．言語的音声は，主に呼気と声門・声道の制御によってつくられる．

　母音と子音の組み合わせにより，単音節がつくられる．母音部分は声帯の連続的なパルス発生によって生成され，子音部分は声帯の雑音などによりつくられる．母音は図4.5（b）に示したように，声門によって声の高さに相当する基本周波数が決まり，声道の形によってスペクトル成分が強調される個所が変化するが，その個所は母音の種類によって決まっている．これらのスペクトルの特徴が，音声符号化や音声認識，音声合成に利用される．

　音声をテキスト言語に変換したり，テキストを音声波形に変換したりする過程は図4.6のようになる．音声波形からスペクトルの特徴を抽出し，音声をパラメータ化することは情報量の圧縮にもつながる．このような方法による符号化を「スペクトル符号化」と呼ぶ．携帯電話の音声符号化では，スペクトル符号化に波形符号化を補うことで品質を保

波形符号化
音の波形信号に基づく符号化．
→3.2節参照

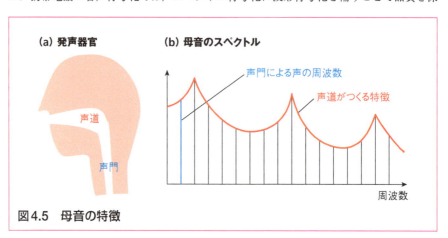

図4.5　母音の特徴

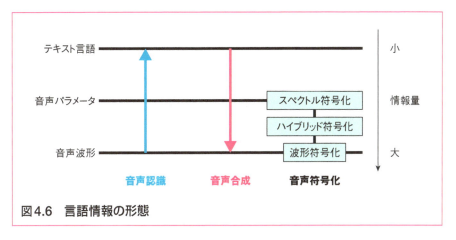

図4.6 言語情報の形態

ちつつ情報量を圧縮している．このような方式を「ハイブリッド符号化」と呼ぶ．

音声合成

　テキストを音声波形に変換するテキスト音声合成（TTS，Text-To-Speech）の枠組みは，図4.7（a）のようになる．まず漢字の混ざった入力テキストの解析がなされ，読み方，アクセントのパターン，そして品詞の種類や構文の型が抽出される．これらの解析をもとに，ピッチ周波数のパターン，音量（パワー）の変化，そして時間長のパターンが決められ，音声データベースから最も適切な合成単位を選び出す．これらをつなぎ合わせればよいわけであるが，滑らかに自然につながるような接続のための信号処理がなされる．

　音声合成が難しい要因のひとつは，同じ母音であっても音韻のつながり方によって口の動きが異なり，スペクトルの特徴が変わる異音化が起こるためである．したがって合成単位については前後のつながりに応じた複数の音素の組み合わせサンプルを音声データベースに収めておく必要がある．現在では統計的なパターン認識技術を併用して，品質の向上がはかられている．

音声認識

　音声波形からスペクトルの特徴を抽出し，それに基づいてテキスト言語に変換するの

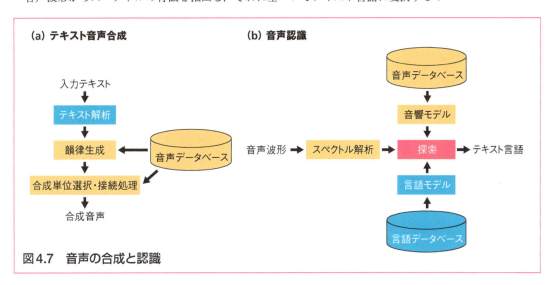

図4.7 音声の合成と認識

が音声認識である（図4.7（b））．

　まず，音声波形は10ミリ秒（100分の1秒）ほどの時間単位でスペクトル解析され，特徴パラメータが抽出される．このパラメータの時間的な変化に対し，音声データベースと言語データベースを照合し，確率的に最も高い語彙列（テキスト言語）を拾い出す．ただし，同じ内容でも発声には時間的な伸び縮みがあるので，これに対応できるように音素から音素へと移る確率をHMM（Hidden Markov Model，隠れマルコフモデル）と呼ばれる統計的なパターン認識モデルで記述する手法が使われている．また言語データベースからつくる言語モデルも単語の組み合わせ確率から統計的モデルがつくられている．

　音声認識にはさまざまな応用がある．代表的なものは口述筆記（ディクテーション）の自動化である．この場合はPCを相手にしゃべった内容を録音し，それをテキスト言語化するという使い方である．コンピュータの音声辞書は発話者の音声の特徴に合わせて最適化することができるし，後からの修正も容易である．

　不特定の発話者に対応したものとしては対話型音声認識があげられる．そのひとつがコールセンターなどの案内システムの自動化である．従来はオペレータが対応していた案内システムに音声認識システムを導入し，音声に応答することができれば業務が効率化できる．またよく利用されているのが，携帯端末による音声を用いた検索機能であり，Siriやしゃべってコンシェルなどのサービスが知られる．携帯端末に入力された音声はネットワーク経由でサーバ側に送られて認識が行われるので，大規模なデータベースを構築することができる．

　発話においては，認識させたい内容と，その他の多様な割り込み音声（直前の発言の修正なども含まれる）が混在しており，さらに周囲の雑音の影響も受ける．これらに対しての状況判断が難しいので，使い方が限定されているのが現状である．映像を併用してジェスチャや表情を読み取ることによって認識性能を上げる試みも行われている．

4.4　画像の合成

空間フィルタによる写真イメージの処理

　写真イメージにはよく加工処理がなされ，表現を多彩なものにしている（図4.8）．

　空間フィルタは空間周波数成分，つまり隣り合う画素データの変化の度合いに応じてデータの処理を行うものであり，これにより画像のぼかしや強調ができる．

　近くの画素の濃度を平均化すると画像はぼけるが，斑点などの傷やゴミを消すこと（ノイズ除去）もできる．これは低い空間周波数を通過させる低域通過フィルタを用いた処理である．一方，画像の境界では画素の濃度が極端に変化する．高い空間周波数だけを通過させる高域通過フィルタをかけると，特徴を抽出したり，エッジの部分を強調し（イメージ強調），メリハリのある画像をつくったりすることができる．

　また画像の濃淡の階調値を分析することにより，さまざまな画像効果をつくり出すことができる．階調値が大きく変化した画素を見つけたら，隣接している同じような画素を探し出してつなげていくと輪郭のトレースができる．その他にも油絵や水彩画などの絵画風に仕上げる処理などが，画像処理ソフトウェアには用意されている．

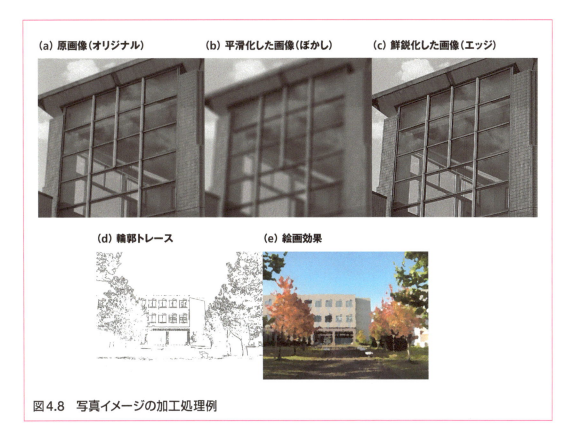

図4.8 写真イメージの加工処理例

コンピューテーショナル・フォトグラフィ

　写真イメージデータを組み合わせて，新たな写真イメージを構成する技術をコンピュテーショナル・フォトグラフィという．そのひとつとして撮影後に焦点合わせが自由にできるライトフィールド・カメラがある（図4.9）．従来のカメラは平面に映し出された対象物の映像を撮像素子で捉えるものであった．これに対し，撮像面の手前にマイクロレンズ群を置くと，収束していた光の情報はその到来方向に応じて異なった撮像素子に捉えられる．光の到来方向に関する情報を得ることによって任意の焦点距離における写真イメージを再構成することが可能になる．

　この他にも複数の位置から写真や映像を同時に記録し，任意の位置からの写真や映像

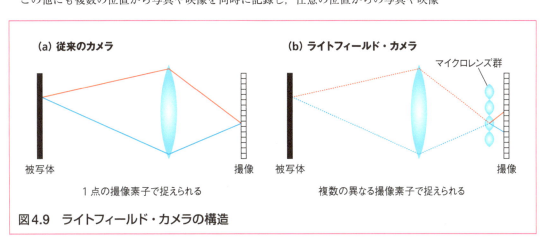

図4.9 ライトフィールド・カメラの構造

を再構成する手法も検討されており，自由な視点からのスポーツ観戦などを可能にしてくれる．

形態情報の可視化

　肉眼では直接見えない対象を可視化する技術は望遠鏡や顕微鏡などの光学系の開発で始まったが，X線を使って内部構造を可視化する技術は医療用に発展した．医療用画像処理には先端的な可視化技術が使われている．

　そのひとつは電磁波や放射線を走査しながら物体の内部の様子を撮影するコンピュータ断層撮影（CT，Computed Tomography）である．医療に用いられるX線CTの基本的な構成はX線を全方位から照射し，X線の吸収の度合いの違いを分析することによって断層画像を合成し，走査によって立体的な内部構造を可視化している．

　水の分子に強力な磁界を与えたうえで電場を水素原子核にあて，磁化が変化する状況を観察すると水分が含まれる臓器の構造などによって変化の速度が異なる．このような原理で体内の構造を画像化する方法を核磁気共鳴画像法（MRI，Magnetic Resonance Imaging）という．

　また，陽電子の検出によって代謝量や血流の違いを画像化するポジトロン断層法（PET，Positron Emission Tomography）がある．前記の方法が組織を画像化するのに対し，これは生体の活動を画像化するので，がんの診断などに用いられる．

3次元形状モデリング

　3DCG（3次元コンピュータ・グラフィックス）は，コンピュータにより3次元の物体を描画する手法である．物体の画像は光の反射によって投影されるものであるから，光源の位置を決め，光がたどる領域をトレースすることにより画像がつくり上げられる．セル画と根本的に違う点は，3次元的な物体と光源のデータによって構成されているので，自由な視点からの画像が得られるところにある．ゲームの画像制作には不可欠な技術である．CGは，「モデリング→レンダリング」の手順で作成される．

　表現したい対象物の形状を，データで記述することをモデリングという．3次元の形状を表現するためには以下のモデリング手法がある．図4.10に立方体での例を示す．

　　（a）ワイヤフレームモデリング：頂点と稜線で表現．面の情報はない．
　　（b）サーフェスモデリング：面の集合で表現．隠面や隠線（見えない部分）の消去が可能．ただし物体の内側と外側を区別する情報はない．

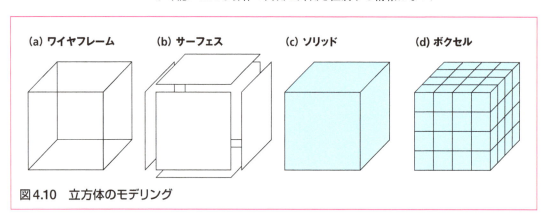

図4.10　立方体のモデリング

（c）ソリッドモデリング：多面の立体物の組み合わせで表現．複雑な形状の表現に適している．
　　（d）ボクセルによるモデリング：ピクセルを3次元に拡張した立方体をボクセル（voxel）と呼び，その集合体として表現．

数学的なモデリング

　CGは数学的なモデルを用いて表現することができる．木の枝分かれや海岸線の複雑な形状は，同じ変化のパターンが何層にも繰り返されてできている．このような自己相似性を持った図形的特徴は，フラクタル（fractal）と呼ばれる．反復計算の規則を記述することで複雑な形状が表現できるので，CGによる樹木や地形などの表現に利用される．図4.11はコッホ雪片と呼ばれるフラクタル図形の代表例である．線分を3等分し，真ん中の線分を底辺とした正三角形をつくる．この単純なルールを繰り返し適用していくと，座標記述では困難な，複雑な境界線が描画できることがわかる．

レンダリング

　モデリングデータに基づいて画像を作成することをレンダリングという．視界に入ると想定されるすべての光線を追跡し，その到達先を探索して表現するのがレイ・トレーシングである．反射や屈折がある場合は該当するすべてを探索して表現するので，光による微妙な反射などを表現することができる（図4.12）．

　物体の見え方はすべて光源の状態や特性に依存し，その光源の位置で影が生まれる．CGでは光源の位置を任意に設定し，影の効果を自在に調整することができる．これらの影付けの技法をシェーディングという．光線と表面がつくる角度による明るさの変化，距離減衰，2次光源の利用などが効果として重要である．

　また，木目や岩肌など，複雑な模様を描く必要がある表面に対しては別に得られている模様画像を組み合わせて貼りつける手法が用いられる．このような手法はテクスチャ・マッピングと呼ばれる．

コマ撮りアニメーション

　コマ撮りによるアニメーションは，動きのある画像を静止画の組み合わせによって制作する技法である．しかし，動画を構成する静止画をすべて用意する必要はなく，静止

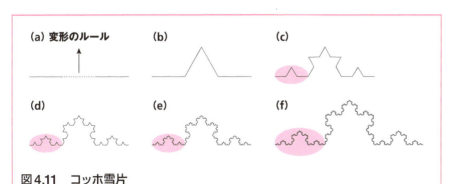

図4.11　コッホ雪片
単純な法則の繰り返しにより，永遠に自己相似な図形が展開されるフラクタル図形の例．
●の部分は1つ前の図形の全体になっている．

図4.12 レンダリングの作品例
[提供：東京情報大学 松下孝太郎研究室]

画と静止画の間に画像を補間してより連続的な動画をつくることができる．もととなる画像をキーフレームと呼び，キーフレームの間に補間画像が挿入される．

また人の顔を変えたり，変身したりする表現に用いられるモーフィングは，2つの異なった画像を連続的につなげる動画手法で，補間法を新たな表現手段として活用した手法である．

CGアニメーション

3DCGの技法で動画を制作する手法は，CGアニメーションと呼ばれる．CGアニメーションでは物理現象をシミュレーションすることで物体の動的な変化を自動的につくることができる．例えば，ボールが床面に当たって跳ね返る様子は重力がもたらす運動によって記述される．3DCGのなかにこのような物理特性を埋め込んでおけば，実世界のなかで物体が落下したりする運動を自動的に表現することができる．モデリングで動画制作を効率化することができる一例である．

その一方，人体や動物の動きは複雑であり物理的なモデルの記述は困難である．そこで，実際のヒトや動物の動きを計測し，それをレンダリングされた対象物に反映させることにより動きを表現する「モーション・キャプチャ」が用いられる．モーション・キャプチャには実際の動体にマーカを取りつけ，それをカメラで追う方法がよく使われる．機械式センサや磁気センサを用いる方法もある．

4.5 画像の認識

パターン認識

> 先に述べた音声認識もパターン認識のひとつである．
> →4.3節参照

画像の認識は，与えられた画像がデータベースに集められたどのパターン（型）にどれだけ似ているか（マッチング）を判定し，いちばん似ているパターンを選択する手順で行う．この手順により文字や図形，人の顔などを認識させることができる．このような手

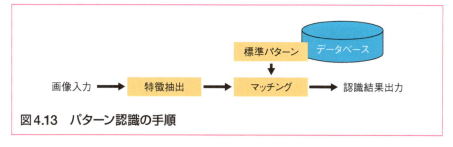

図4.13　パターン認識の手順

法を「パターン認識」という（図4.13）．

画像による物体認識

　画像を分析する場合，画像から直接得られる数値データはRGBの階調数である．しかし，ヒトが画像を認識する場合，色だけではなく形に対するまとまりを重要な手がかりにしている．顔の認識のように対象を絞れば，幾何学的な特徴を使って認識することができるが，ヒトがさまざまなものの形をどのように認識しているかの一般的なルールは見いだしにくい．そこで画像認識では，膨大な画像データを集めてマッチングがとれているかどうかを学習していく機械学習の方法が広く用いられている．

　また画像のなかに表示されている物体の名称を特定する物体認識には，生命の神経細胞の働きを模擬したニューラルネットワークの技術が適用されている．ニューラルネットワークはヒトの脳の視覚野の振る舞いに似ていることもあり，画像データを学習させることにより認識性能を向上させている．

4.6　メディア・アート

メディア・アートの進化

　電子技術やコンピュータ技術を表現に活用した芸術をメディア・アートという．写真の連続投影として発明された映画はメディア・アートの先駆けであった．WebデザインやCG作品などは現代のメディア・アートの中心にあるが，メディアとして定着した活用ではなく，メディア技術の新しい応用を取り込んだものがアート作品として注目を浴びる．

プロジェクション・マッピング

　実際の3次元形状体に映像を投影する手法をプロジェクション・マッピングという．CGなどのコンピュータ映像を実世界のなかに投影することで仮想的な空間をつくり上げる．屋外では建造物に投影することで祭りの空間などが演出できる（図4.14）．複数の投影設備が使われるが，画像を処理するのはコンピュータのソフトウェアである．アートとしてだけではなく，広告媒体としての活用も期待されている．

表示メディアの消滅

　技術革新により写真やテレビが発明されたとき，それらがもたらす体験的衝撃は大き

図4.14　建築物へのプロジェクション・マッピング（2012年9月 東京駅）

かった．同じ題材であっても，伝えるメディアによってその意味の解釈が異なることは，マクルーハンの言葉以来，常に論議の対象であった．

今日では，映像が実映像なのか合成されたものなのか区別がつきにくいまでCGの表現精度は向上している．また，実映像についてもさまざまな映像が氾濫しており，ちょっとやそっとの視覚的体験では驚かなくなった．

メディアを扱うコンピュータは人間のメディア利用を支える道具であり，目的物ではない．将来道具としてのコンピュータは直接意識する必要がなくなり，目的別の道具のなかに隠れてしまうだろう．アートはこのようなメディアやそれを扱う道具の本質的な問題を考えさせてくれる．前衛的なアートは，視覚体験の意味を問いただし，メディアがもたらす意味を考えさせてくれる．

マクルーハン
→1.1節参照

章末課題

3. メディアの符号化

- CDは長期に渡って使われているメディアである．長寿である要因は何かを考察せよ．
- 音楽再生で利用している音の符号化方式と，そのビットレートなどの技術仕様を機器別にまとめよ．
- 自分の使っているPCディスプレイで表示されている色を8色選び，それらの色のRGBの階調度を調べよ．
- 日ごろ利用しているPCや携帯端末のディスプレイについて，縦横それぞれの画素数と総画素数を機器別にまとめよ．
- 撮影した写真を保存する際に利用しているフォーマットの圧縮率を調べ，品質との関係をまとめよ．
- ビデオ録画で利用している映像の符号化方式と，そのビットレートなどの技術仕様を機器や用途別にまとめよ．

4. 情報の表現と理解

- 使いやすく，便利だと感じるWebサイトを取り上げ，その理由を考察せよ．
- 画像認識技術では，どのようなものを対象にした認識が実用化されているか調査せよ．
- 使いやすい自動音声翻訳を実現するためには，どのような技術的課題を克服する必要があるかを考察せよ．

5 通信ネットワーク

情報メディアを電子的に伝えるネットワーク（網）には階層的な回線交換網があり，無線でつながる携帯電話網へと拡張している．一方向的な通信でマスメディアを担う放送サービスも健在である．一方で，分散型のネットワークであるインターネットが登場し，電話機能をも吸収する勢いで進展しており，さまざまな表現メディアを提供するための中心的な役割を果たしている．

5.1 電話網

回線交換網

アレクサンダー・グラハム・ベル (1847-1922)
電話を実用化した発明家，科学者．1877年に米大手電話会社AT&Tの前身であるベル電話会社を設立．

電気的に信号を伝える電信網の歴史は18世紀に始まる．1876年にグラハム・ベルが電話を発明し，電気回線により音声を伝えるネットワークが発展した．有線によって敷設されている電話網は「固定通信網」と呼ばれる．固定通信網は図5.1のような階層でユーザの電話端末を接続している．

電話回線は交換機と呼ばれる機器によって集約・分配され，特定のユーザとつながるしくみになっている．電話が発明されたころは，電話をかけると電話交換手がまず電話に出て，交換機を手動操作してつながるしくみだった．その後，交換機は固有の電話番号によって自動接続されるようになった．このような固定通信網は「回線交換網」と呼ばれる．ユーザ側の回線を加入者線と呼び，それらは地域にある交換機につながり，それ

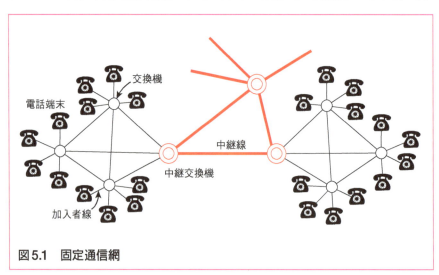

図5.1　固定通信網

が中継交換機と接続することで全国規模，世界規模のネットワークを構成している．このような通信網は階層的な構造になっている．また基本的に接続時間と距離（中継の数）に応じて課金される．

　固定通信網は電話だけでなく，ファクシミリやデータ通信にも用いられてきた．ディジタルデータをやりとりする場合はモデム（modem，変復調装置）を用い，アナログ信号との変換を行う．またパケット通信によるデータ専用網も整備されている．

パケット通信
→5.4節参照

IP電話

　電話の接続には回線交換を用いた固定通信網の他にインターネット回線も用いられる．インターネットの接続手順IP（Internet Protocol）により，これらを利用したサービスをIP電話という．

　インターネットは，データを一定の大きさにまとめて伝送するパケット通信という技術を用いる．電話音声のディジタルデータも同様にこのパケットの扱いになる．しかし，電話音声は信号の遅れや乱れに対し，他のデータより厳しい条件が求められる．そこで，他の種類のデータと比べて優先的に伝送するなどの手順を定めて品質を確保している．これらのインターネット回線を用いた電話の接続・伝送技術をVoIP（Voice over Internet Protocol）という．

　このようにVoIPはユーザに対し，回線交換かインターネットかの区別を意識せずに使えるような品質を確保している．一方Skype（スカイプ）などの通常のインターネット環境のなかで使われるサービスも存在し，これらの品質基準はサービス提供側が独自に定めている．

5.2　携帯電話網

携帯電話の発展

　携帯電話は固定通信網とつながった基地局中継装置から基地局のアンテナからの電波を通じて接続されている（図5.2）．基地局からの電波が届く範囲は限られ，その範囲を「セル」という．したがって携帯電話はセルラーフォン（Cellular Phone）とも呼ばれる．なお，移動する際は使用するセルが自動的に切り替わる．このような機能をハンドオーバーという．現在では，携帯電話は電話だけでなくインターネットと接続されたデータ通信にも用いられる．

　日本の携帯電話サービスは1979年に自動車電話としてスタートした．本格的な携帯電話サービスがスタートしたのは1987年で，アナログ方式に基づいている．この世代を第1世代という．1993年からはディジタル方式のサービスが始まり，これを第2世代という．1999年にはiモード，EZweb，Jスカイなどのインターネット接続サービスが始まり，ネットワーク端末としての役割を担うようになった．

　第2世代では伝送方式が国やサービス会社によりばらばらであったが，その後CDMA（Code Division Multiple Access，符号分割多重接続）方式への統一化が検討され，IMT-2000という国際規格がまとめられた．実際の仕様は各社まちまちであるが，この規

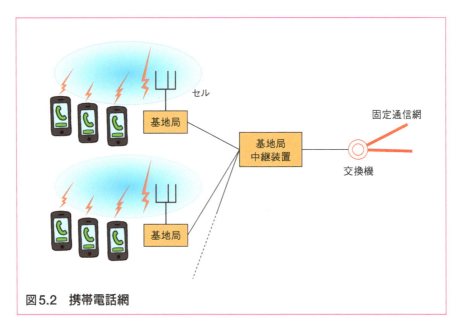

図5.2　携帯電話網

格を採用した第3世代の方式が2001年から始まった．NTTドコモはW-CDMA，auはCDMA2000の仕様を採用している．

　LTE（Long Term Evolution）方式に基づく第4世代（4G）では高速化とともに規格の統一が進められた．第5世代（5G）ではさらなる高速化と低遅延化が実現され，携帯電話の利用に限定せず様々な用途の無線通信のインフラとしての活用が期待されている．

電波の割り当て

　携帯電話は大容量のデータを扱うようになり，通信速度はますます高速化している．データ通信を行う場合，インターネットを無線化したWi-Fiなどの無線LANが使われる．携帯無線LTEは無線LANに迫る勢いである．したがってスマートフォンやタブレット端末のようにデータを主体で扱う場合は，外出移動時は携帯電波，自宅やオフィスでは無線LANというように使い分ける必要がある．無線LANは室内などの狭い範囲にしか届かない代わりに設置は自由である．これに対し携帯電波は周波数が国からの割り当てで決まっており，個人が自由に使ってよいものではない．電波の周波数帯によるサービス分類を図5.3に示す．この図が示すように携帯電話の周波数はUHF帯に属するが，さらにサービス各社により細かく帯域が分別されている．

PHS

　携帯電話のサービスと似ているが，別のサービスとしてPHS（Personal Handy-phone System）がある．ふつうの携帯電話のセル（基地局のカバー範囲）が半径数km以上であるのに対し，PHSは半径500mほどであり，電柱などに取りつける小型の基地局を使ってコストダウンをはかっている．都市に適したサービスであるといえる．サービス開始当初は価格が安く音声の品質も良いという利点があり，データ通信にも早くから対応したが，ハンドオーバーに対応せず切断が生じるので移動中の使用には適さなかった．「ピッチ」の愛称で広く普及したが，現在のサービスは縮小している．

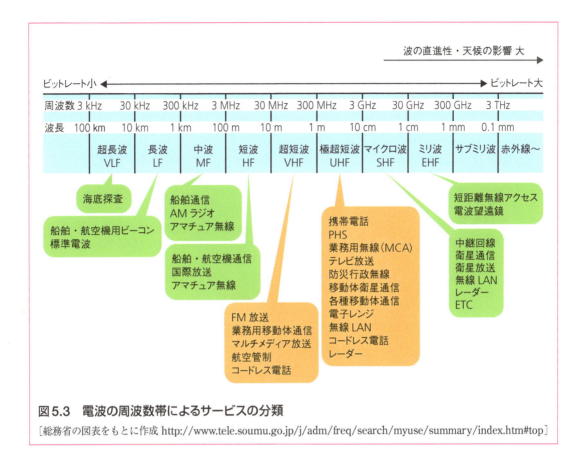

図5.3 電波の周波数帯によるサービスの分類

[総務省の図表をもとに作成 http://www.tele.soumu.go.jp/j/adm/freq/search/myuse/summary/index.htm#top]

5.3 放送網

放送

　放送とは，ニュースやさまざまなコンテンツを電波に乗せて不特定多数に向けて一方的にリアルタイムで配信するしくみである．ただし，現在では特定の契約者向けのサービスや，双方向性を有する形態も含まれる．音声を主体とするラジオ放送，映像と音声を扱うテレビ放送，文字を扱う文字放送がある．

　公共的な使命を持つ国営放送を有する国もあるが，日本には存在しない．ただし，NHKや放送大学などの公共放送がある．その他は広告収入で運営される民営放送と契約者のみに配信する有料民営放送である．

地上波ディジタル放送

　テレビについてはまず，2000年に放送衛星を用いたハイビジョン放送からディジタル化が始まった．地上波のテレビ放送は2003年にディジタル化が始まり，2011年にアナログ放送が中止された（ただし東北3県は除く）．アナログ放送の中止により空いた周波数帯域の利用が計画されている（図5.4）．

　ディジタル放送で映像・音響を伝送する場合はデータの圧縮が不可欠であり，MPEG-2

MPEG
→3.4節参照

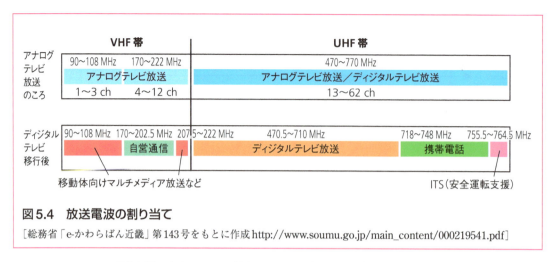

図5.4 放送電波の割り当て
[総務省「e-かわらばん近畿」第143号をもとに作成 http://www.soumu.go.jp/main_content/000219541.pdf]

画素数，SAR
→3.3節参照

形式が用いられている．従来のアナログ放送の品質をそのままディジタル化した場合の画質をSD（Standard Definition）といい，画素数は720×480である．一方，ディジタル放送では画素数1920×1080のHD（High Definition，この画素数をフルHDともいう）が通常であり，SARも4：3から16：9と横方向に拡大されている．

地上波ディジタル放送が用いる1チャンネルは約6MHzの帯域であり，13のセグメントに分割される（図5.5）．HD番組は12セグメントが必要だが，SD番組に必要なのは4セグメントなので，HDの枠に3本のSD番組を並行放映することができる．残りの1セグメントがいわゆるワンセグ放送に割り当てられる．ワンセグ放送は携帯電話を受信対象にしたものであり，画素数は320×240（SDの1/4）である．

衛星放送

静止衛星から電波を発信する放送である．地上からいったんデータを送信し，衛星から周波数を変換して再送信する．地上波に比べると広い範囲に送信できるが，衛星の維持・管理にかかる費用や天候の影響を受けやすいことなどの問題がある．放送専用衛星（Broadcasting Satellite）と通信衛星（Communication Satellite）を用いたものとがあり，それぞれBS放送，CS放送と呼ばれる．

有線のテレビ放送

CATV（Community Antenna Television）は，アンテナを共用した共同受信により，集合住宅や電波の受信状態がよくない地域に対して有線で放送を届ける．

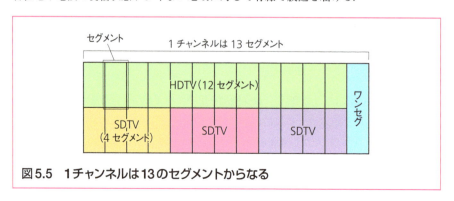

図5.5 1チャンネルは13のセグメントからなる

ケーブルテレビは有線で映像放送を提供するサービスの総称であり，地域単位で利用されている．インターネットの回線とケーブルを共用し，衛星放送や地上波放送の他に独自の地域放送を展開している．

ラジオ放送

　音声を放送するラジオ放送には，AM（振幅変調）とFM（周波数変調）の2つのアナログ方式がある．
　AM放送は，波長により以下の分類がある．
- 長波放送：153〜279 kHzの範囲の電波を使用する．日本の放送では使われないがロシアの放送が受信できる．
- 中波放送：526〜1606.5 kHzの範囲の電波を使用する．地域ごとに配信される一般のラジオ放送である．
- 短波放送：3〜30 MHzの範囲の電波を使用する．全国向け放送や国際放送に用いられる．

　FM放送は，76〜108 MHzの範囲の電波を周波数変調方式で用いる放送で，音の品質が高い．
　さて，海外ではラジオのディジタル放送のサービスが展開されているが，方式はまちまちである．日本では実験放送を行っただけで今後の展開は未定である．
　なお，ラジオについてはインターネットを通じてストリーミング再生するradiko（ラジコ）などのサービスがある．

放送と通信の融合

　元来，放送は視聴者に対し一方向的に情報を伝送するものであったが，現在では意見集約やクイズに対し視聴者の反応を放送側に伝える双方向番組がある．これらは電話網やインターネットを利用して行われる．またインターネットもデータの受信と再生を同時に行うストリーミングを利用することにより，放送に似たサービスが実現されている．このように放送と通信はインフラが異なるが，競争させたり組み合わせしたりして，双方のメリットを活かした融合サービスが発展していくものと思われる．

5.4 インターネット

インターネットの概要

　インターネットはTCP/IPという通信手順（プロトコル）を用いてコンピュータ間で通信を行うネットワークであり，全世界共通で利用できる．インターネットは電話網のような階層型の構成ではなく，コンピュータが対等に接続された分散型の構成をしている．

TCP/IP
→次のページを参照

　図5.6にインターネットの構成の概要を示す．インターネットは分散型ネットワークであるが，すべてをお互いに網の目状に接続するのには限界がある．そこでいくつかのISPをまとめてつなげる接続点の役割を担うのが，インターネット・エクスチェンジ（IX）である．

ISP
→48ページを参照

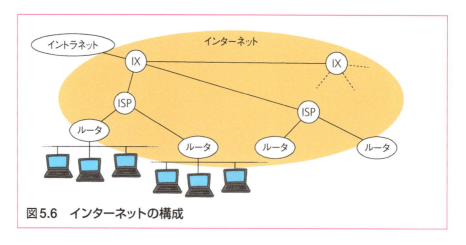

図5.6 インターネットの構成

イントラネット

インターネットと同じTCP/IPの通信手順で用いられるが，利用者を限定したネットワークである．主に業務用で企業内ネットワークとして使われる．物理的には独自のネットワークである場合と，インターネットを利用して仮想的にイントラネットを運用するVPN（バーチャル・プライベート・ネットワーク）である場合とがある．

クライアント・サーバ

コンピュータが登場したばかりのころは，メインフレームコンピュータを中核にして端末用コンピュータが配下にぶら下がる集約型の構成をなしていた．しかしインターネットの分散型の構成ではコンピュータの接続は平等なので，それらの役割に応じて管理者側か利用者側かを分類する．このしくみをクライアント・サーバシステムという．データを管理し，特定の業務を遂行する役割のコンピュータを「サーバ」といい，サービスを受ける側のコンピュータを「クライアント」という．サーバは以下に例をあげるように，それぞれ特定の役割を担い，ネットワーク上に分散して接続されている．

- ◆ DNSサーバ：Webページへの参照情報を管理する
- ◆ ファイルサーバ：ファイルを共有し，管理する
- ◆ メールサーバ：電子メールの送受信を管理する
- ◆ WWW（Web）サーバ：Webページやサービスを管理する
- ◆ プロキシサーバ：企業内ネットワークなどでインターネットとの通信を代行し，セキュリティを高める
- ◆ プリントサーバ：プリンタを共有し管理する

サーバやクライアントはこのように役割を意味するのであって，特定のコンピュータを指すわけではない．

通信手順（プロトコル）

インターネットの通信に利用される通信手順（プロトコル）は，TCP/IP（Transmission Control Protocol / Internet Protocol）と呼ばれる方式である．TCPはデータの伝送のしくみであり，IPは伝送先を判断するしくみである．

連続した通信が始まると特定の通信が回線を占有してしまい，他の通信が滞る可能性

がある．そこで通信データをパケットと呼ばれる細切れにして送り，受け取り側で再構成する方法がとられる．ひとつのパケットにはヘッダと呼ばれる情報が記録されているので，パケットごとに伝送路が異なったり，到着順序が入れ替わったりしても再構成ができるようなしくみを備えている．このようなデータの伝送方法を「パケット通信」という．

インターネット・アドレス

インターネットに接続されたコンピュータを識別するために用いられるのがIPアドレスである．

IPv4 (Internet Protocol version 4) は，従来から使われてきたインターネット・アドレスの形式である．32ビットで表し，8ビット (0～255) 単位で10進数を4つに区切って記述する (例：202.26.154.2)．32ビットで表現できるのは最大で 4,294,967,296 (約40億) 個までであり，増え続けるコンピュータの数に対応できなくなる．そこで新しい規格として128ビットで表すIPv6が登場した．

IPv6では，16ビット単位で16進数を8つにコロンで区切って表現する．例としては次のような記述になる．

  1234:5678:90ab:cdef:0000:0000:0000:0001

IPv4とIPv6とは独立したアドレスなので，当面は併用しながら，徐々にIPv6への移行が進むものと思われる．以降はIPv4にしたがって話を進める．

IPアドレスにはネットワークアドレスと，そのネットワーク (LAN) 内のコンピュータのアドレスを表す必要がある．どこで分けるのかを示すのが「サブネットマスク」である．サブネットマスクはIPアドレスのネットワークアドレスを表すビットを1，コンピュータのアドレスを表すビットを0で表す．通常，10進数で記すので，図5.7に示すように，サブネットマスクが255.255.255.0であれば2進数で11111111 11111111 11111111 00000000となり，上位の24ビットがネットワークアドレス，下位の8ビットがホストアドレスに割り当てられる．これはよく用いられるマスク値であり，ひとつのネットワークアドレス下に振られるホスト端末のアドレス数は256以下に制限される．

LANから外部のネットワークに中継する機器のIPアドレスは「ゲートウェイアドレス」と呼ばれ，ルータなどの機器にあてがわれている．また，優先的に中継を依頼するコンピュータを「デフォルト・ゲートウェイ」という．このように外部のネットワークに接続するためにはデフォルト・ゲートウェイを知る必要があるが，これを自動的に行う手順をDHCP (Dynamic Host Configuration Protocol) という．簡単な設定ではクライアントコンピュータには固定のIPアドレスを設定せず，要求に応じてDHCPサーバが空いているIPアドレスを割り当てる．

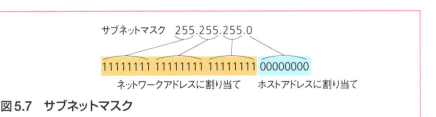

図5.7　サブネットマスク

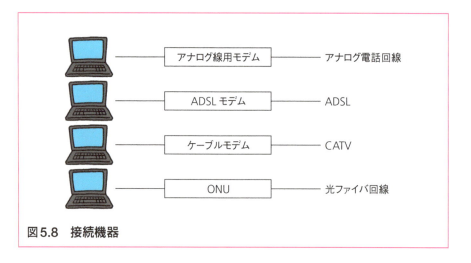

図5.8　接続機器

インターネットの接続機器

インターネットに接続する機器には以下のようなものがある（図5.8）．
- アナログ線用モデム：アナログの電話回線を通じてデータ通信を行う機器．
- ADSLモデム：アナログ回線を使いながら高速のデータ通信を行う機器．Asymmetric Digital Subscriber Lineの略称．光ファイバ回線に置き換わるまでの手法として用いられてきた．
- ケーブルモデム：CATVなどのケーブルテレビの回線を接続する機器．
- ONU：光ファイバ回線と接続する機器．Optical Network Unit（光回線終端装置）の略称．

プロバイダ

一般にインターネットを利用するためにはISP（Internet Service Provider，インターネット・サービス・プロバイダ）と契約する必要がある．また，携帯機器を用いる場合は電話回線事業者と契約時にプロバイダ契約（spモードなど）を結ぶことになる．また，利用者が別に契約済みの無線LANに接続して利用できる形態もある．

5.5　ネットワークとの接続

ネットワークのトポロジー

ネットワークには幾何的にさまざまな接続形態（トポロジー）がある．図5.9に示すように代表的なものがスター型，リング型，バス型である．無線LANの接続における中継機器と端末の関係はスター型である．また，有線のLANケーブルを用いるイーサネットはバス型である．

LAN

利用者側で複数のコンピュータや端末を利用するためのネットワークをLAN（Local

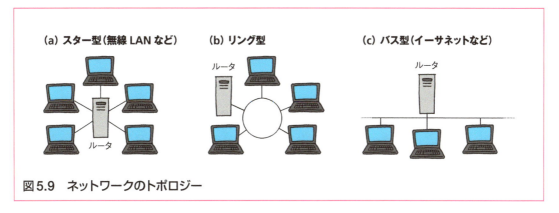

図5.9 ネットワークのトポロジー

Area Network，ローカルエリアネットワーク）といい，LAN内部のみに制限された通信が存在する．

インターネットとLANとを接続し，通信を制御するのが「ルータ」である．LANに対して広域のネットワークはWAN（Wide Area Network）と呼ばれるので，ルータはWANとLANとを中継するものと見なすこともできる．

有線LANの物理規格にはEthernet（イーサネット）がある．この規格は伝送能力に応じている（例えば100 Mbpsの伝送能力があるものは100BASE-TX）が，接続端子はRJ-45というコネクタに統一されている．

「ハブ」とは，広い意味ではネットワークを束ねる場合の集線・分岐装置であり，狭い意味では複数のインターネット端末を個々に接続する集線・分岐機器である．イーサネットのバス型接続に用いられる．

無線LAN

無線でつながったLANのことである．無線LANはIEEEが決めた規格に従っているが，WECAによって互換性の検証を受けたものをWi-Fi（ワイファイ）という．一般的には無線LANとWi-Fiは同じ意味に捉えられる．無線LAN規格はIEEE802.11としてまとめられており，進化している．

IEEE
Institute of Electrical and Electronics Engineers．アイトリプルイーと呼ぶ．米国電気電子学会のこと．

WECA
Wireless Ethernet Compatibility Alliance．ウェカと呼ぶ．

規格	ビットレート	周波数帯域	策定年	
IEEE802.11a	54 Mbps	5.2 GHz	1999	干渉する家電が少なく家庭向け
IEEE802.11g	54 Mbps	2.4 GHz	2003	互換性が高いが電子レンジなどと干渉する
IEEE802.11n	600 Mbps	2.4/5.2 GHz	2009	
IEEE802.11ac	6.9 Gbps	5.15〜5.35, 5.47〜5.725 GHz	2014	

パーソナルエリアネットワーク（PAN）

インターネットとは独立して，LANよりさらに狭く，ほぼ個人単位で機器間の無線通信を行うネットワークをパーソナルエリアネットワーク（PAN，Personal Area Network）という．PANには以下のような規格がある．

◆ Bluetooth（ブルートゥース，IEEE802.15.1）

数十m以内の近距離で簡易な情報通信を行う規格である．周波数帯は2.4 GHz，ビッ

トレートは2 Mbpsである．機器と機器との間でペアリングと呼ばれる接続確認が必要となるが，一度設定すれば自動接続される．セキュリティには配慮していない．したがって本体とつなげて用いる周辺機器との無線接続や，小型携帯機器どうしの相互接続に使われる．例として家庭用電化製品のリモコン，ワイヤレスヘッドフォン，カメラからの写真転送などがあげられる．

◆ ZigBee（ジグビー，IEEE802.15.4）

センサ類を接続するのに用いられる規格である．周波数帯は2.4 GHz，ビットレートは250 kbpsと低いが，消費電力が小さく，伝送距離は30 m以内である．最大65,536（16ビット分のアドレスに相当）台の同時接続ができるので，常時接続で定期的なデータ転送を行う．家電との通信や，温度をはじめとするセンサから得られる環境データのモニタリングに適している．

◆ UWB（Ultra Wide Band，超広帯域無線，IEEE802.15.3a）

1 GHzほどのきわめて広い周波数帯に拡散して無線通信を行う規格である．周波数帯の電波密度がきわめて低いので，同じ帯域を用いる無線機器との混信がなく，消費電力も小さい点が特徴である．ビットレートは40 Mbpsと高速である．屋内での歩行誘導などに向けた精度の高い位置情報検出システムなどへの応用が進められている．

章末課題

5. 通信ネットワーク

- これまでに自分が使ってきた携帯電話（スマートフォン）のサービス仕様を調べよ．
- 携帯電話や無線LANなどで利用している無線通信の周波数帯を調べよ．
- 衛星放送を受信するためには，どのような機器が必要になるかを調べよ．

6 メディアの携帯化と遍在化

メディア機器の携帯化と，情報ネットワークの遍在化により，場所を問わず，どこからでも情報メディアにアクセスすることができる．そしてさまざまな「もの」がネットワーク接続される状況が生まれている．またICチップや識別コードなどを活用すると，Web情報の取得から支払いの決済まで，どこからでも操作ができる．

6.1 携帯機器の発展

携帯ラジオ，テレビ

トランジスタをはじめとする半導体部品の開発により，電子回路を用いたメディア機器は小型化，耐衝撃化，省電力化が進められ，携帯できるようになった．特に携帯型のトランジスタラジオはどこでも，移動中でも放送が聞けるという点でマスメディアの浸透に寄与した．携帯テレビも登場したが，液晶技術が登場するまで画面をCRT（Cathode Ray Tube）に頼らざるを得ないため，消費電力や重量などの点で課題が残り，普及は制限された．携帯ラジオは一斉配信の情報受信機として，今日でも非常災害時の備品として重宝されている．

CRT
真空のガラス管の矩形面に蛍光物質を塗り，そこに電子ビームを当てると発光する原理を利用して，電子ビームの走査により画像をつくる装置．ブラウン管とも呼ばれる．

一体型PC（Macintosh SE，1987年発売）に組み込まれたCRT

音楽機器の携帯化

民生用のテープレコーダは早くに小型化されて可搬できるようになったが，当初は取材や英会話学習などの用途に開発されたものであった．最初に登場した一般向け音楽携帯機器はソニーが1979年に発売したウォークマンである．これはコンパクトカセットテープを用いたステレオ再生機能に徹したものであったが，その後録音機能も付加された．

音楽の記録メディアについては1982年にCD（Compact Disc，コンパクトディスク）が登場してディジタル化が進んだ．音楽CDは再生専用として登場し，今日もコンテンツ販売の主流であることを考えると，ディジタルメディアとしては奇跡のような長寿である．

録音用のメディアについては，1987年にカセットタイプのDAT（Digital Audio Tape，ディジタルオーディオテープ）が発表された（図6.1（a））．DATは現場録音などの業務用に用いられたが，一般用には著作権の問題もあり普及しなかった．

その後1992年に，磁気テープよりも曲のアクセスに優位な光ディスクであるMD（Mini Disc，ミニディスク）が登場した（図6.1（b））．録音可能な記録メディアとして，コンパクトカセットの代替品となる狙いがあった．MDの音楽データは圧縮符号化されている

DCC
MDに対抗して，カセットテープのDCC（Digital Compact Cassette，ディジタル・コンパクト・カセット）も同時期に登場したが，1年たらずで姿を消した．DCCはDATとは異なり，圧縮符号化を採用し，アナログのコンパクトカセットテープとの上位互換を特徴とした．

(a) DAT　(b) MD

図6.1　音楽記録メディア

ので，CDよりも小さいがCDと同等の記録時間を確保している．

　しかし音楽データの圧縮符号化の効率が向上し，ハードディスクや固体メモリの記録容量に対する価格が低下していくと，これらの活用が進むことになった．こうして登場したのがPC経由でMP3に圧縮した音楽コンテンツをダウンロードする固体メモリプレーヤである．Diamond Multimedia（ダイヤモンド・マルチメディア）社は1998年に固体メモリプレーヤを発売した（図6.2）．これは内部メモリを有するとともに固体メモリカードを備えていた．しかし，市販の音楽を合法的にダウンロードするしくみの準備が間に合わず，発売直前に訴訟問題となった．同社はその後音楽配信サービスを始めているが，これを推し進めたのが2001年に発売されたアップルのハードディスクプレーヤ「iPod（アイポッド）」とそれに付帯するダウンロードサービス「iTunes（アイチューンズ）」である．当初音楽業界はコンテンツのダウンロード販売には消極的であったが，アップルの攻勢でこの方式が確立され，音楽業界の収益形態を大きく変えることになったのである．

図6.2　最初の固体メモリプレーヤ Diamond Rio PMP300（1998）

カメラ

カメラは，レンズ交換式の機種や携帯性を優先した機種など，用途に合わせたさまざまな形の機器が展開されている．音響系機器に比べるとカメラのディジタル化は遅れ，CASIO（カシオ）が35万画素の普及型ディジタルカメラを発売したのは1995年であった．そして2006年ころには，ディジタルカメラが市場を支配するようになった．

銀塩フィルムでは現像のプロセスがあるので，即座に撮影した写真を見ることはできない．これを解決するために，その場で現像したプリント写真がつくれるインスタントカメラが生まれた．Polaroid（ポラロイド）社が1948年に発売し，業務用に用いられてきたが，ディジタルカメラの登場で一時衰退した．日本でも富士フイルムが製品化しているが，プリント写真を即座に得るメリットがあるので，ディジタルカメラが主流のなかにあっても利用されている．

映像機器の携帯化

一般用の映像記録用カセットテープの規格としては，ソニー主導のベータ方式（1975年発売）と日本ビクター主導のVHS方式（1976年発売）があったが，規格競争の末，最終的にはVHS方式が勝利し，以降家庭用ビデオの主流となった．

VHS-Cを用いたレコーダ一体型ビデオカメラ
→図2.2（d）参照

しかしビデオカメラとレコーダを一体化した機器に適用するにはVHS規格は大きすぎた．そこでアダプタに入れると標準のVHSになる小型化したVHS-C規格を用いたカメラ一体型ビデオレコーダが1984年に登場した．さらに8ミリビデオ規格の登場により

(a) ベータマックス規格[左]とVHS[右]（表面と裏面）

(b) VHS-C[上]の再生時にVHSサイズに変換するアダプタ[下]

(c) 8ミリビデオ（表面と裏面）

(d) ミニDV[左]とDV[右]（表面と裏面）

1 cm

図6.3　ビデオ記録メディア

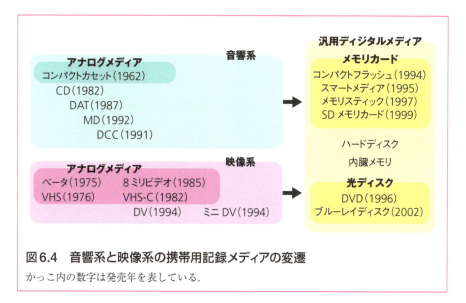

図6.4　音響系と映像系の携帯用記録メディアの変遷
かっこ内の数字は発売年を表している.

ビデオカメラは普及していった．1994年にはディジタルビデオテープとしてDV規格が登場し，ビデオカメラ用には小型化したミニDV規格が適用された．しかし，その後は光ディスクやハードディスク，そしてメモリカードが記録メディアとなり，短い期間でディジタルビデオの記録メディアは大きな変容を遂げた．現在ではディジタルカメラがビデオ記録に対応するようになっている．図6.3にはさまざまなビデオの記録メディアを示す．また図6.4には，音響系と映像系の携帯用記録メディアが汎用の記録メディアへと移り変わる年代的変遷を表にしている．

電子手帳からPDAへ

　携帯情報機器の進展にはさまざまな出発点がある．ひとつはスケジュール管理が主な目的であった電子手帳である．手のひらにのる大きさにするためには従来のキーボードとは違う入力手段が必要であり，キーボード入力に代わる手段としてペン入力が使われ，手書き文字を変換していた．しかし，初期の手書き文字入力は認識の誤りが多く，使い勝手はいまひとつであった．

　電子手帳にはネットワークとつながる機能を持たせ，携帯端末として発展させるもくろみがあった．これらのものはPDA（Personal Digital Assistant）と呼ばれた．また手のひらにのる大きさであることからパームトップ（palm top）機器とも呼ばれた．

　1993年ごろに登場した3台のPDAを見ておこう（図6.5）．電子手帳から出発したPDAとしてよく知られるのはシャープのザウルスである．15年に渡り進化したが，携帯電話から進化した携帯端末に置き換わり，その役割を終えた．

　アップルが開発したニュートンはキーボードを持たず，手書きペン入力専用の機器であった．文字認識性能が悪く，小型化も十分ではなかった．また，先進的な無線通信機能があったとしてもそれらを使う環境がなく，5年ほどで姿を消した．

　Hewlett-Packard（ヒューレット・パッカード）社のHP200LXはマイクロソフトが開発したMS/DOSで動作する意味で，PCの小型化であり，パームトップPCのはしりともいわれる．したがってワープロや表計算などのソフトが備わっていた．白黒画面，640×200ピクセル，単三電池2本で長時間動作が可能であった．通信機能の拡張性も備え

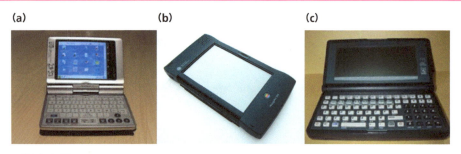

図6.5 PDAの例
(a) シャープのザウルス（1993〜2008，写真は後期モデル）
(b) アップルのニュートン（1993〜1998）
　［提供：moprax，http://moparx.com/files/images/Apple_Newton_2100_Open.JPG］
(c) ヒューレット・パッカードのHP200LX（1994〜1999）
かっこ内の数字は発売期間を表している．

ていた．

　これらの製品は技術的には高く評価されたが，ネットワーク環境が整う前の製品化だったこともあり，短期間でその役割を終えている．

携帯情報端末

　持ち運びができ，ネットワークとつながる携帯機器は「携帯情報端末（携帯端末）」と呼ばれる．大型コンピュータが登場したころ，それを操作し，プリンタ出力を得る機器は別にあって，回線につながっており，コンピュータとは別室に終端の機器として置かれた．そこでこれらの装置は端末（terminal，ターミナル）と呼ばれるようになった．

　そして，携帯端末の普及を促進したのは携帯電話であった．日本での携帯電話は「ショルダーホン」の名前で1985年に発売された．これをきっかけに携帯電話の普及が始まった．その後，携帯電話とインターネットの接続が始まり，メール送受信機能やWebページにアクセスするしくみが加えられたのである．

　日本では1999年よりNTTドコモの「iモード」などのサービスが開始された．電話の番号キーに割り振られたアルファベットやカナを使っての漢字変換は，短文を入力する方法として受け入れられ，携帯電話は電子メールツールとして大きく普及することになった．

　そして，携帯電話にも大きな変化が起こった．「スマートフォン（smartphone）」の登場である．スマートフォンは俗称であるが，電話をその機能のひとつとした多機能携帯情報端末であり，ポケットに入るPCと位置づけられる．したがってOSを備え，OSのみならず，アプリケーションなどのアップグレードが可能になっている．スマートフォンは携帯電話網と，インターネットと直接つながった無線LANの双方が利用できる．アプリケーションの供給を考えると，専用のOSでは開発コストがかかりすぎるので，寡占的なOSが支配するようになっている．

　スマートフォンの時代を切り開いた機器としては1999年に登場したカナダのリサーチ・イン・モーション（現・BlackBerry）社のBlackBerry（ブラックベリー）がよく知られている．ブラックベリーはキーボードを備えたPDA兼携帯電話で，通信端末として業務用に人気が高く，米国ではトップの売り上げを誇った．しかし，iPhone（アイフォ

ン）などのスマートフォンの勢いにおされ，日本では2013年に姿を消した．

　2007年に登場したアップルのiPhoneで，スマートフォンは爆発的に普及した．iOSという独自のOSを備え，アップルのMac用OSであるOS Xとの開発環境の連携を強化し，アプリケーションの拡大を促進した．また，ペンを使わない，指だけを使うタッチスクリーンによる入力を基本とし，タッチスクリーンの操作方法を多様化した．これが今日のスマートフォンの基本的な形となった．

　一方，Google（グーグル）は携帯用のOSとしてAndroid（アンドロイド）OSを公開した．携帯端末の競合他社は独自のOSをあきらめ，Androidを採用することでアップルを包囲する形勢になっている．マイクロソフトもPCで寡占してきたWindowsと連携した携帯用OSの普及に力を入れている．

　従来の携帯電話には付加的な機能があり，スマートフォンと対比して「フィーチャーフォン（feature phone）」と呼ばれる．スマートフォンがタッチスクリーンを入力の基本とするのに対し，フィーチャーフォンは入力キーを備えており，電話の発信操作などを優先する場合は使いやすい．ただし，機能を追加しすぎて複雑な操作が必要な機種もあり，スマートフォンに比べると開発にコストがかかりすぎて「ガラケー（ガラパゴスケータイ）」と揶揄されることもある．

携帯型PC

　据え置き型のPCに対し，画面，キーボード，マウスに代わるポインティングデバイスなどをひとつの筐体に収めたものを「携帯型PC」と呼んでいる．日本では「ノートPC」と呼ばれているが，海外では「ハンドヘルド（handheld）コンピュータ」「ラップトップ（laptop）コンピュータ」の名称が広く用いられている．特に軽量で携帯に適したものは「モバイルPC」と呼ばれる．

　携帯型PCは黎明期にさまざまなアイデアのものが登場しているが，1989年に発表された東芝のDynaBook J-3100SSが最初のPC/AT互換ノートPCとされている．アップルのマッキントッシュのノート型PCはPowerBookとして1991年に登場しているが，そのひとつであるPowerBook100はソニーの設計製造によるものであった．このように小型軽量PCは日本のお家芸とも呼ばれた時期があった．

PC/AT
1984年に発売されたIBMのPC/ATは仕様を公開し，マイクロソフトのOSを搭載したPCの標準アーキテクチャとなった．

　現在では携帯型PCの性能が上がり，一般用には据え置き型に代わって家庭用PCの主流になっている．

タブレット端末

　携帯型PCに無線LAN機能が標準で備わり，軽量化が進むなかで，Webブラウジングやメール通信だけに使うのであれば，画面の開け閉めはわずらわしい．そこで登場したのが，タッチスクリーンを使い，入力と画面を共用した「タブレット端末」と呼ばれる機器である．タブレット端末はスマートフォンを拡大したものとして捉えることもできるし，携帯型PCの発展形と位置づけることもできる．

　携帯端末は携帯電話網と無線LANの双方につながるが，携帯電話網と直接契約していない機器はテザリング（tethering）により，携帯電話から転送接続することができる．

テザリング
携帯電話網と接続している携帯端末を経由して，PCやタブレット端末をインターネットに接続すること．

ウェアラブル・コンピューティング

　軽量 PC，スマートフォン，タブレット端末はいずれも基本的に手や腕を占有する．災害救助，医療，移動中の作業では手や腕を占有しない使い方が求められる．これらの状況を考慮したコンピュータの形態が，装着型の「ウェアラブル・コンピューティング」である．

　一般の携帯型 PC といえども，手で持つのは重くて不自由なので，衣服に装着してしまおうという発想が出発点にある．音声入力が有力な入力手段である．出力手段としては頭部に装着して画像と音を表示するヘッド・マウンテッド・ディスプレイなどが利用される．また，メガネや腕時計などの利用が考えられる．入力系，出力系，処理系を分散して装着することで，ハンズフリーな通信を実現することができる．

　ウェアラブル・コンピューティングは産業用にとどまらず一般用にも適用が考えられ，健康管理や認知症患者の追跡など，生活支援や社会支援へと活用の機会が広がるものと思われる．

6.2　携帯情報機器の一元化と情報環境の遍在化

メディア機器の一元化

　すでに述べてきたように，ディジタル情報はさまざまな表現メディアがビット情報として統合されている．例えば，DVD は映像，音声，文書などの情報をすべて取り扱うことができる．カメラ，ビデオ，ゲーム機，電話機といったそれぞれのメディアに特化されていたメディア機器は，図 6.6 に示すようにスマートフォンやタブレット端末のような万能の機器に集約することができる．もちろん操作や専門性を重視する場合は，機能を特化した専用機器が重要であることは間違いない．

　このような情勢は機器のみならず，コンテンツを供給する業界にも影響が及び，情報サービス業界との連携が必要となっている．

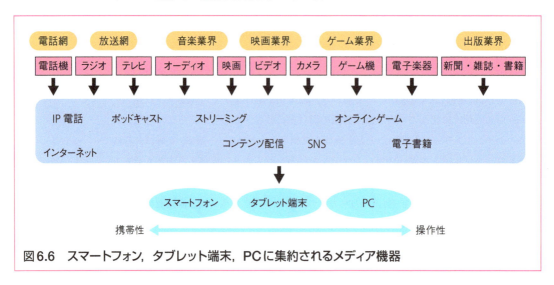

図 6.6　スマートフォン，タブレット端末，PC に集約されるメディア機器

携帯機器と情報環境の遍在化

　携帯端末が発展することにより，メディアとの接点，すなわちメディア・インタフェースが持ち運びできるようになった．携帯端末を機能させるためには，場所によらず，どこからでも情報ネットワークにアクセスできる設備を用意する必要がある．私たちが暮らす環境に情報が遍在し（どこにでもあり），どこからでも情報メディアにアクセスできるしくみは「ユビキタス・ネットワーク」とも呼ばれる．

　携帯電話の中継機器や無線LAN機器のみならず，情報の遍在化をもたらしている機器が街角に点在している．銀行のATMは金銭の扱いに特化した情報端末であり，振り込みなどの金融操作ができる．さまざまな情報サービスを提供する設備機器は「キヨスク端末」と呼ばれている．コンビニなどに設置されたキヨスク端末は各種チケットの予約や行政サービスに活用される．さらには街角に置かれた防犯が目的の監視カメラは生活環境を常にモニタリングしている．

　以上のような状況から，今後どのような発展が考えられるのであろうか？　携帯端末がウェアラブルな衣類や装備品に分散し，街角に無線アクセス機能が遍在すると，私たちは常に意識せずに情報環境のなかに埋没することになる．便利である一方，プライバシーなどがなくなり，悪用される可能性もあることに注意しなければならない．

ネットワーク接続される「もの」

　技術の面から，コンピュータの力が場所を選ばず日常環境のなかに浸透していく状況は「ユビキタス・コンピューティング」と呼ばれている．日本では「どこでもコンピュータ」の概念で東京大学の坂村健が1984年にTRONプロジェクトを立ち上げている．これはすべてのものにICチップを埋め込み，万物をネットワーク化する構想であり，そのためのOSを中心とするコンピュータアーキテクチャを開発していた．その成果は，組み込みシステムと呼ばれ，数々の家電製品や専用機器内のコンピュータシステムに適用されている．

　家電製品にもIPアドレスが振られ，外部から制御できるような状況になりつつあるが，これからはさまざまな物体がネットワーク化され情報管理されるようになるであろう．この状況は「IoT（Internet of Things）」と呼ばれており，情報環境の遍在化をさらに促進している．

6.3　識別コード，ICカード

識別コード

　機器に比べて簡単な情報だけを管理するコードやタグ，カードはユビキタス・ネットワークには欠かせないものである．データの読み取りにはバーコードが使われてきた．バーコードは主に専用のスキャナで読み取り，商品管理に用いられる（図6.7（a））．

　それを2次元化し，カメラ読み取りに対応させたのが，1994年にデンソーが開発したQR（Quick Response）コードである（図6.7（b））．四角形のモザイク模様による2次元

図6.7　識別コード

のバーコードで，文字情報を符号化できる．縦横の画素数として，21×21から177×177までの大きさがあり，最大約3キロバイトの容量がある．3つの隅にあるシンボルで位置検出を行う．商品管理やチケット読み取りなどに使われてきたが，普及を促したのは，携帯電話のカメラによって読み取り，URLへのリンクをとるという使い方である．

RFID

商品情報などはバーコードだけでは容量が不足する．そこでICチップを埋め込み，無線通信のアンテナ機能を盛り込んだ札（タグ）が用いられる．ICタグを商品につけると，在庫管理だけでなく，生産者の情報まで埋め込み，流通の効率化にも寄与できる．このような商品管理のしくみは「RFID（Radio Frequency Identification）」と呼ばれている．

ICカード

ICチップをカードに埋め込むことで，簡単に特定の情報を持ち運べる．切符や身分証明証などをICカード化することにより，改札や入退出を自動化することができる．また銀行のキャッシュカードやクレジットカード，会員カードなど，現代の暮らしに欠かせないほどICカードは普及している．

機能的には接触型と非接触型がある．接触型は接触端子がついたカードで，銀行のキャッシュカードのように専用の端末に接触させて利用する．これに対し非接触型はRFIDの一種としてアンテナが備わっており，機器にかざすだけで通信できるので駅の改札などで使われる．また携帯電話に非接触ICカードと同じチップを埋め込む使い方もある．

非接触型カード用の無線通信については，NFC（Near Field Communication）が国際規格ISO/IEC18092として制定されているが，関連するいくつかの規格がある．

ISO/IEC14443は国際的に広く流通している規格である．TypeAは簡易型で，認証カードに用いられている．TypeBは高度な機能が備わっており，政府の行政カードに指定されていることから，パスポートや運転免許証，マイナンバーカードに採用されている．これらの規格は10 cm以内の近接での使用に対応しているのに対し，より離れた70 cmまでを対象にした規格にISO/IEC 15693がある．

我が国ではソニーが開発したFeliCa（フェリカ）という規格が広く使われている．これは前述のISO/IEC14443とは別であり，NFC規格ISO/IEC18092に含まれている．FeliCaはSuicaやPASMOをはじめとするカード乗車券や楽天Edyなどのプリペイド電子マネーカードに広く採用されている．またFeliCaのICチップを携帯電話に埋め込んだ，おサイフケータイなどのサービスも浸透している．

章末課題

6. メディアの携帯化と遍在化

- これまでに自分が使ってきたスマートフォンなどの携帯端末の技術仕様を調べよ．
- 将来の携帯端末はどのような形と機能を持つようになるか予想し，それを実現するために必要な技術について考察せよ．
- 食品の偽装を防ぐために識別コードをつけるとしたら，どのような方法が考えられるか，アイデアをあげよ．

7. 知覚を補助するメディア

- VRの応用例を考案し，その機能と必要な機器の構成を示せ．
- ARを発展させるためには，今後どのような技術開発が必要かを提案せよ．
- コールセンター（電話対応）業務を無人化するために必要な技術とシステム構成について，HCIの視点から考察せよ．

7 知覚を補助するメディア

ヒトは知覚を通じて情報を得る．メディア機器との接点になるのがヒューマン・インタフェースであり，認知的負担を減らすための努力がなされてきた．また，実世界に存在するというリアリティを，メディア機器を通じて体現するバーチャル・リアリティや，現実の世界にメディアを通じて配信される情報を付帯するオーグメンテッド・リアリティなど，知覚を補助するメディアテクノロジーについて述べる．

7.1 メディア機器との対話

ヒューマン・インタフェース

メディア機器の入出力部が担うヒトとの接点としての役割をヒューマン・マシン・インタフェース，略して「ヒューマン・インタフェース（HI）」という．電話機のハンドセットは送話器と受話器を組み合わせた部品であるが，相手との対話に没入できる実に巧みなヒューマン・インタフェースの例である．汎用のメディア機器であるコンピュータのヒューマン・インタフェースは，入力系としてキーボードとマウス，出力系としてディスプレイとスピーカを基本に構成されている．

メディア機器をより使いやすいものにするため，それをヒトと同じように対話しながら使うことができるかという課題で考えることにしてみよう．メディア機器のヒューマン・インタフェースを介したやりとり（インタラクション）を「ヒューマン・コンピュータ・インタラクション（HCI）」という．人間どうしのコミュニケーションでは，音声言語が主に用いられるが，身振りや表情などの非言語（ノンバーバル）メッセージも感情を含んだ意思疎通に重要な役割を果たしている．

メディア機器との対話をこれになぞると，より高度なHCIとは，非言語メッセージも含めた高度な対話を可能にするものである．このためには，人間と同様に複数の情報伝達チャンネルを用いてさまざまなインタラクションの様式（モード）を機能させることが望まれる．複数のモードを用いて双方向での情報のやりとりを行うことを「マルチモーダル・インタラクション」という．コンピュータとの対話の発展形態を図7.1に示す．

現在のコンピュータにおいて，人間からコンピュータへの情報伝達形態は，キーボードのようなハプティック（触覚あるいは接触）インタフェースにより記号情報を入力する方法が中心である．しかし，すでに一部で使われているように音声言語を入力手段として用いれば，人間側の負担は軽減されるはずである．さらに，意思の疎通をはかるためには，顔の表情，身振りなどの非言語モードの伝達機能が必要となる．

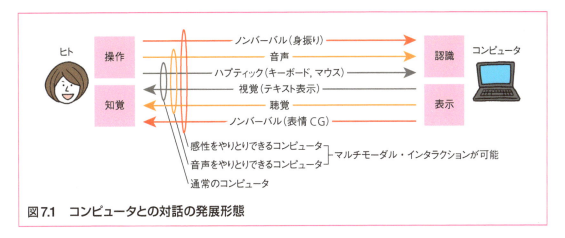

図7.1　コンピュータとの対話の発展形態

　同様に，コンピュータから人間への情報伝達も多様なモードが考えられる．情報は視覚，聴覚，触覚として感覚器官によって授受される．現在ではテキストや画像情報を視覚により認識するのが基本的な手段であるが，合成音声を用いてコンピュータから直接音声言語を受け取ることも可能である．さらに，CGによる人物画像に表情を与えるなどの方法を用いれば，非言語情報を伝えることができる．

　コンピュータとのやりとりを人間対人間のコミュニケーションに最も近いかたちにするためには，このような複数のモードを同時に組み合わせたマルチモーダル・インタラクションを実現させる必要があるが，その最大の目的は人間の認知的負担を軽減させることにある．しかし，技術が未熟だとかえって人間をわずらわせることになる．発展が難しい理由はここにある．

ヒューマン・コンピュータ・インタラクション(HCI)の進化

　HCIがどのように進化してきたかを図7.2に示す．従来の機械とのインタラクションは，スイッチ類を人間が直接操作し，その反応を直接監視するものであった．

　コンピュータが導入されると，汎用的なキーボードを使って入力するようになる．今日では画像環境が充実し，作業環境をコンピュータのスクリーンに投影した形で使われることが多い．その代表的なものがMacOSやWindowsのデスクトップ・メタファー（机上に喩える）と呼ばれるグラフィカルユーザインタフェース（GUI）である．ワープロ，作図，表計算などでは，書類をつくり上げる作業空間はコンピュータの画面上に投影された状態になっている．

　さらに進んで，コンピュータ内の処理の対象を形として表現すると，インタラクションの対象もコンピュータ世界内に投影される．このような状況では，インタフェース・エージェントと呼ばれる自律的な機能を有するソフトウェアとのインタラクションや，環境として「バーチャル・リアリティ」を体験できる没入型3次元インタフェースが適用される．

　そして，コミュニケーション環境の進化で到達する究極の姿は，閉鎖的な仮想環境を脱した実世界とコンピュータ世界とがシームレス（継ぎ目なし）に融合された環境である．このような環境は「オーグメンテッド・リアリティ」と呼ばれる．バーチャル・リアリティとオーグメンテッド・リアリティの意味と技術的動向については，次節から見ていくことにする．

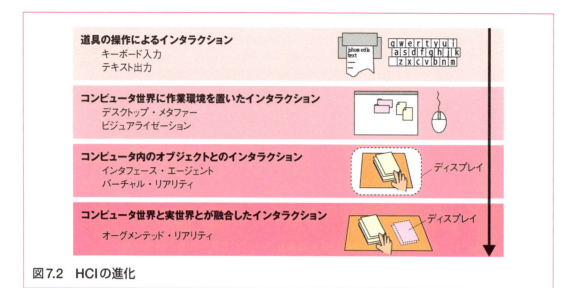

図7.2 HCIの進化

7.2 バーチャル・リアリティ

リアリティを代用する機器

ヒトは感覚器官を通じて情報を得る．感覚器官に，実体に接しているのと同じ感覚を感知させる技術がバーチャル・リアリティ（Virtual Reality, VR）である．バーチャル・リアリティは人工現実や仮想現実とも訳される．技術的には，ヒトのさまざまな感覚に接する入出力メディア機器の精度やヒューマン・インタフェースを向上させることで，実体物を通じて体感するはずの現実感覚を代用すること，また，これを実現するためのシステムのことを指す．

では，立体映像を精緻に表示する機器はこれに相当するのだろうか？ バーチャル・リアリティというからには備えていなければならないことがある．それは，バーチャル・リアリティには存在感の他に，相互干渉性あるいは対話性があること，そしてその世界で自己投射性が成立することが必要である．3D映画をただ見るだけでは，たとえ立体映像といえども対話性がないのでバーチャル・リアリティとはいわない．また自分がこの環境のなかに存在しているという感覚が必要である．これが自己投射性である．

エンタテインメントとしては，体感ゲームへの応用がある．また，訓練用のものとしては，手術やフライトなどのシミュレータがあげられる．さらに体が不自由でも旅行を体験できるような福祉事業への応用など，社会の発展に不可欠な技術である．なおヒトの実体験の感覚は，ヒトが事象をどう認識するかという問題なので，これらの機器を通じて得られる現実感覚を偽物であると単純に片づけるわけにはいかない．

バーチャル・リアリティの歴史

視覚におけるVRシステムの先駆的事例としては，アイバン・サザーランドによる究極のディスプレイ（1965年発表）が知られている．これは頭部の動きに応じてディスプレ

> アイバン・サザーランド
> （1938-　）
> 米国の計算機科学者．彼はCAD（コンピュータの作図ソフト）の先駆けであるSketchpadやフライトシミュレータの開発者としても知られる．

イに見える物体の視角が変えられるものである．左右それぞれの眼に当てたビデオディスプレイを通じてワイヤフレームによる立体画像を見るだけのものだったが，頭部に角度センサを備えており，それに追従して画像を見る視点が変わる．当時としては画期的なものであった．これが今日のヘッド・マウンテッド・ディスプレイの発展につながっている．

視覚，聴覚，体の動きを統合したものとしては，1989年にVPL Research社が潜水服のような着衣にセンサを装着した機器を開発した．データスーツは主に頭部につけるゴーグルと，センサをつけた手袋などによって構成されており，バーチャル・リアリティを全身で体感する装置として使われている（図7.3）．ゴーグルには現在自分がいる仮想の世界が映し出されている．

スーツに備えつけられたセンサにより体の移動を検出すると，これに伴って視覚は変化し，CG合成による世界を歩き回ることができる．さらにはヘッドフォンからバイノーラル方式によって立体的に音が再生されており，頭を向ける角度を変えても，音源は定められた方向から聞こえるように補正される．さらに手の動きによって仮想世界に映し出された物体を持ち上げたり，動かしたりすることができる．五体の動きに応じて仮想世界のなかを動き回ることができるのである．

バイノーラル方式
→図4.3(b) 参照

立体ディスプレイと空間音響効果により視覚や聴覚を3次元化し，それらが体の動きと同期することがシステムに備わるインタフェースの条件である．今日，フライトや手術など，さまざまな訓練用のシミュレーションシステムに応用されている．

ヒトの感覚系との接点を電子メディアで置き換える方法は，技術が未成熟であれば，感覚に対して不完全に機能することになる．したがって，幼児などが常用すると健全なヒトの感覚的発達を阻害するものになりかねないという心配もある．

バーチャル・リアリティに必要なヒトの知覚

ヒトにはさまざまな知覚があり，これらの性質や特徴をうまく利用することでシステムが構成される．また，それぞれの感覚がもたらす相互作用も重要である．ここでは個別の感覚について考慮すべき点を列挙する．

図7.3　データスーツ

- ◆ 視覚：空間を認識する重要な感覚である．立体視を実現することで現実感が増す．
- ◆ 聴覚：音や言語を理解する感覚であるが，音の方向感を捉えることも重要である．
- ◆ 皮膚感覚：皮膚感覚のなかでも触った感覚（触覚）は実体を認識するうえで重要である．
- ◆ 前庭感覚：身体のバランスや運動を捉える感覚であり，運動系を構成する際に重要になる．平衡感覚ともいう．

これらはVRシステムを構築する際に備えられる主な知覚であるが，システムとしては視覚の相互作用を中心に構成されている場合が多い．その他に嗅覚，味覚も対象になるが，化学的な反応に基づくものなのでそれらを合成するしくみが必要である．

遠隔存在感

遠隔から機器を操作する人が，あたかも対象の目の前で作業をしているような感覚を「遠隔存在感（テレプレゼンス，Telepresence）」あるいは「テレイグジスタンス（Telexistence）」という（図7.4）．遠隔存在感を備えた機器は，人が立ち入ることが難しい災害現場などでのロボットを使った作業が期待される．ロボットの操縦は難しいが，操作者があたかも自分がロボット自身であるかのようなバーチャル・リアリティ空間で扱うことができれば，より自在な作業ができるようになる．

臨場感コミュニケーションシステム

ネットワークやメディアの発達で，遠隔地の人とのコミュニケーションは簡単になったとはいえ，やはり直接人間どうしが会うことは，コミュニケーションにとって重要である．仕事や政治交渉でも直接会うことが重要であるし，学生も家に引きこもっていては学生生活を送れない．直接会うような臨場感のあるコミュニケーションを，通信ネットワークを活用して実現することはできるのだろうか？　電話に始まった音声通信は映像を加え，大画面スクリーンを用いたビデオ会議システムへと発展してきたが，多地点を共有する十分な臨場感を備えるまでには至っていない．臨場感を得るためには，空間的・知覚的な共有感覚に加え同時性などの時間感覚が重要である．図7.5はNTTで実験中のt-Roomと名づけられた臨場感コミュニケーションシステムである．カメラとディスプレイを巧みに利用し，複数の遠隔地点からの参加者が同室にいるような感覚でコミュ

図7.4　遠隔存在感

図7.5　多地点の人が同室にいるようなコミュニケーションの場をつくる
［NTTコミュニケーション科学基礎研究所のt-Room（2010）http://www.mirainodenwa.com/］

ニケーションができる．また過去に行われたミーティングに臨むなど，時間を越えた臨場感を共有することも実験されている．

作業空間の共有

遠隔のコミュニケーションを阻害する要因のひとつは，作業空間の共有が難しいことである．生産的な仕事ではお互いの顔を見合わせながら，黒板に書き込んだり，資料を囲んだりして議論することが多い．このような作業空間を共有する先駆的な試みとしては石井裕と小林稔による「ClearBoard（クリアボード）」が知られている．ClearBoardは画面を隔てて遠隔地の人と人とが向き合い，その画面に共同でスケッチを描く作業空間を実現している（図7.6）．自然な状態で共同作業を行う場合，お互いがどこを見ているかわかるということ（ゲイズ・アウェアネス，gaze awareness）も重要である．

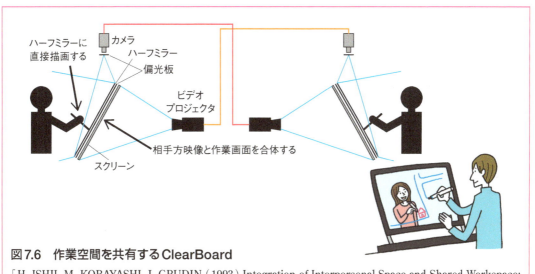

図7.6　作業空間を共有するClearBoard
［H. ISHII, M. KOBAYASHI, J. GRUDIN（1993）Integration of Interpersonal Space and Shared Workspace: ClearBoard Design and Experiments, *ACM Trans. Information Systems*, **11**（4），pp. 349-375］

図7.7　OpenSimを用いたメタバースの開発例
［提供：東京情報大学 井関文一研究室］

メタバース

サイバースペース
SF作家のウィリアム・ギブソンがつくり出した言葉である．言語中心の世界としては8章で扱うソーシャル・メディアがこのサイバースペースを構築しているといえる．

　ネットワークのなかで展開される観念的な空間や世界をサイバースペース（Cyberspace）という．3次元の仮想空間を展開してリアリティのあるサイバースペースを構築しようという試みがある．世界的に運用されているサービスとしてよく知られているのは「セカンドライフ（Second Life）」である．参加者はアバターという自分の分身をCGでつくり，そのなかで社会生活を営む．結婚や貨幣経済も成り立つ．このような視覚的な世界を共有するサイバースペースを「メタバース（Metaverse）」という．メタバースにはさまざまな開発キットが用意され，OpenSimなどが利用されている（図7.7）．メタバースの現状は動き回れる3DCGの世界であり，リアルタイム性や身体感覚にはまだ乏しく，バーチャル・リアリティにどこまで近づけられるかが課題である．

7.3　オーグメンテッド・リアリティ

現実世界を情報化する

　日常生活のなかで支払いにカードを使い，スマートフォンのGPS（Global Positioning System）で位置情報を知り，脈拍数などを見ながら走り，さらに気象情報や電車の遅延情報，道路の渋滞状況などを見ながら移動する．街角のポスターなどに印刷されたQRコードで情報を読み取る．私たちが生活する現実の世界はすでに情報化されている．スマートフォンはこれらのかなりの部分を担っている．これからは自分自身が装着するモバイル機器と街角に備えられるユビキタス機器の連携が，さらなる情報化をもたらすだろう．

　ネットワークの世界（仮想世界）だけで情報を表現するのではなく，実世界にある対象物に付加された情報を表現し，現実の世界とネットワーク上の世界がシームレスに一体化する状態をオーグメンテッド・リアリティ（Augmented Reality，AR）という．補強型現実ともいう．没入型のバーチャル・リアリティに対し，現実世界でのリアリティを補強するアプローチである．

現実世界の補強

　私たちは仮想世界のなかに閉じこもって生活することはできない．バーチャル・リアリティが現実世界から隔離された環境であるならば，その世界のなかの対象と現実とのつながりが問題になる．例えば日ごろ電子的にスケジュール管理をしている場合，予定に関する情報を紙で受け取ったら，その内容を電子ファイルに記入する必要が出てくる．このようなことが自動的にできないかと考えてみる．

　理想の情報環境とは，閉じた仮想環境ではなく，実際の世界のオブジェクト（情報を有する対象物）に対して電子化された情報を持たせることで，仮想世界とがシームレスに融合した状態であろう．このためにはICチップをものに埋め込んだり，メモ書きや黒板に書いた文字を自動的にデータ化したりするなどの方法が必要である．実世界のなかに必要な情報をリンクさせる状態が，オーグメンテッド・リアリティである．

　実際には6章で述べた識別コードやICタグ類が活躍している．一例として，壁の掲示板に張り出されたポスターに識別コードがあり，それを読み取ると関連情報を見ることができたり，最新情報を確認したりすることができる．また，あるところに視線を合わせると関連情報が視界に投影される眼鏡などが開発されている．マイク，スピーカを使って歌や音声を補強することも，日常的な行為ではあるがオーグメンテッド・リアリティのひとつであると考えられる．

　オーグメンテッド・リアリティに関連するソフトウェアも開発されている．例えばスマートフォンのカメラで映し出された映像に付加情報を浮かび上がらせるようなものである．これらはARアプリとして供給されている．街角でカメラをかざすとGPSとコンパスを利用して周辺地の名所や飲食店の情報を画面上に表示するといったことができる．

　またARToolKitと呼ばれる開発キットは実物体上に仮想的なイメージを重ねるためのプログラミング環境である．使い方の例としては，図7.8に示すようにタブレット上に描かれた対象に照準を合わせるとヘッド・マウンテッド・ディスプレイがそれを認識し，3次元の画像が浮かび上がるというものである．博物館の展示物にかざすと裏側の見えない部分を表示したり，解説を表示したりするなどの応用が考えられる．

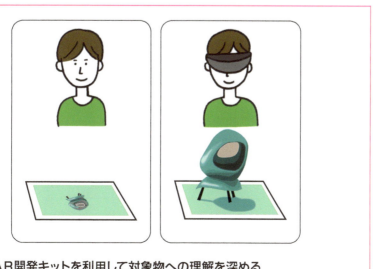

図7.8　AR開発キットを利用して対象物への理解を深める

7.4 ブレイン・マシン・インタフェース

生体と直接つながる機器

　脳機能の解明が進みつつあり，つい最近までSF作品のなかで描かれたような技術，つまりヒトの神経活動と電子技術が連携し，脳の意思が電子・機械系に直接作用する新しいシステムが生み出されている．脳と電子機械系とをつなぐ技術やシステムは「ブレイン・マシン・インタフェース（BMI）」と呼ばれている．

　視覚や聴覚が不自由な人に対して，人工網膜や人工内耳のような視覚や聴覚を電子的刺激で代行できる技術は大いに期待されている．特に人工内耳については実用化されている．また，生体イメージング技術により脳のさまざまな部位の活動状態が解明されつつあり，この結果を応用すれば意思によって外部機器が操作できるようになる．例えば腕を動かして作業をしたいという意思を持った場合，脳の活動部位を判断してロボットアームを作動させる実験などが成果を上げている（図7.9）．

ヒトとメディア機器との境界がなくなる？

　脳科学，情報処理技術，分子レベルのミクロな加工を扱うナノ・テクノロジーは絶え間なく発展している．このまま発展が続くと，近未来にヒトの知覚や運動機能を外部の機器に頼ることが可能になる時代が来そうである．ヒトの意識や心の働きまで，脳や神経系の機能として解明できれば，BMIは身体機能の拡張として機能し，身体との切り分けは難しくなる．さらに，情報ネットワークと脳とが直接つながる状況へと発展していくだろう．

　ヒトとメディア機器との境界がなくなる日がくるのかどうか，情報技術が生み出す望ましい未来社会のかたちをデザインしていく必要がある．

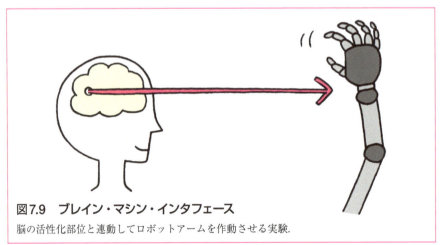

図7.9　ブレイン・マシン・インタフェース
脳の活性化部位と連動してロボットアームを作動させる実験．

7章の章末課題は，6章の章末を参照．
→61ページ

III

メディアサービス

8. ソーシャル・メディア
9. 社会インフラとサービス
10. ビジネスを支えるメディア
11. 教養とエンタテインメント
12. 生活環境を支えるメディア

8 ソーシャル・メディア

本章では，インターネットの浸透により生まれたソーシャル・メディアの発展と，さまざまなサービス形態について述べる．またソーシャル・メディアがもたらす社会への影響についても触れる．

8.1 コミュニケーションの進化

ソーシャル・メディアとは

インターネットを利用した社会的なコミュニケーションの形態あるいはサービスはソーシャル・メディアと呼ばれ，人と人をつなぐ新たなメディアとして注目されている．ソーシャル・メディアは，単なる人と人を結びつける道具であるだけではなく，日常の生活そのものにも影響している．それは，人と人の関わり方，コミュニケーションのあり方を変えるほど影響力があるといってよい．現在もソーシャル・メディアの利用者は増加の一途をたどり，その機能も拡大され，社会的な基盤としての影響すら持ちつつある．

インターネットの浸透により，ネットワークを経由した複数の集まりのなかでのコミュニケーションが実現できるようになった．不特定多数に対して解放されている場もあれば，参加するには登録が必要などの限定されている場もある．また，実際には一度も会ったことのない人どうしが，ネットワーク・コミュニケーションを通じて親しくなることも多くなった．一方で，参加者の範囲が曖昧であることや容易にデータを転送できることによるトラブルの発生や，接見とは異なるコミュニケーションのモラルを必要とすることなど，新たな問題も起こっている．

対人的コミュニケーションの進化

人と人の間で行われる対人的なコミュニケーションは接見が基本にある．しかし，その形態が現在変わりつつある．図8.1に示すように，離れた場所にいる人とのコミュニケーションは，かつては手紙に代表されるように紙などに記された文字を運搬することによって行われていた．しかし，電話の出現とその普及は，音声のみという制約はあったにせよ，その場に居合わせない人とのコミュニケーションを容易にした．さらに，携帯電話の出現によって，コミュニケーションのあり方も変わった．

また，インターネットの出現はコミュニケーションのあり方に大きな影響を与えた．ここでは，大きく2つの特徴を見いだせる．

ひとつは，電子メールの出現である．電子メールは，現代のコミュニケーションを考

図8.1　対人的コミュニケーションの諸形態

えるうえで忘れてはならない．電話は，その相手との距離にかかわらず，対応できる人間に制約がかかる．つまり，「電話に出ること」「その場に居合わせること」が，前提である．それは，携帯電話においても同様である．しかし，電子メールは，その場に居合わせることを必要としない．もちろん，瞬時の反応を期待できないが，相手の状況に影響を受けることなく，メッセージを伝達することができる．

　もうひとつはサイト上の書き込み機能を利用したコミュニケーションである．Web上の「ブログ」や「電子掲示板」がその代表である．それは，時として，不特定多数の他者の目に触れ，不特定多数の他者の反応を得ることができるものである．

　こうして，ソーシャル・メディアが誕生した．特定の集団のなかで同時に複数の人とコミュニケーションを図ることができるこのサービスは，これまでの対面的な集団のコミュニケーションとは異なるものの，同様の効果も期待することができる．しかし，非対面的なコミュニケーションであるという特徴は，これまでにない問題も引き起こすことになった．

> 非対面的なコミュニケーションの問題点
> →8.3節および第IV部参照

　ソーシャル・メディアにはさまざまな形態があり，分類は容易ではない．現在，よく用いられる分類に従いながら，具体的なサービスを見ていくことにする．

8.2　コミュニケーションのさまざまな形態

電子掲示板

　電子掲示板はBBS（Bulletin Board System）とも呼ばれ，ネットワーク上の書き込みを共有するしくみである．Webが使われる以前の1990年代のパソコン通信のころから，テキストの書き込みサービスとして普及し，さまざまな形態に発展した．多くの掲示板

では実名とは異なるハンドルネームが使われる．そのため，無責任な書き込みや誹謗中傷など問題のある発言もあり，掲示板の書き込みが荒れることがある．これを「炎上」という．

大規模な掲示板として「2ちゃんねる」が広く知られている．大規模な掲示板では話題が拡散するので，話題ごとに掲示板を独立させる．この話題ごとの掲示板を「スレッド」という．

電子掲示板が縁で人と人が実際に会って交流するという，いままでとは逆のコミュニティ生成が起こり始めた．普段ネット上で交流する人たちが実際に会って交流する場は「オフライン・ミーティング（オフ会）」と呼ばれる．

現在では専用の掲示板も存在するが，さまざまな交流サイトやメディアのなかで書き込みを行うスペースが用意されている．

インスタント・メッセンジャー

インターネットを通じてオンライン状態をつくり，「チャット」と呼ばれるリアルタイムでメッセージをやりとりするしくみをインスタント・メッセンジャーという．電話と電子メールの中間のような位置づけにある．マイクロソフト，Google，Yahoo!（ヤフー）などがそれぞれのサービスを提供しているが，発展が目覚ましいサービスにLINE（ライン）がある．LINEは音声通話とテキストチャットができ，グループ通話ができることが特徴である．オープンな環境ではなく電話番号により登録を行い，仲間を増やしていくしくみになっており，心理的負担が少なく手軽に導入しやすい面があるが，情報管理には注意が必要である．

ブログ

ブログ（blog）はWebに記録を残す（Weblog，ウェブログ）が語源になっている．Webページは誰もが立ち上げ，維持できる情報発信サイトではあるが，維持管理には手間がかかる．また，特定のテーマを掘り下げるにせよ，日常生活を語るにせよ，多くの利用者にとっては日記形式でつれづれなるままに書き綴る様式があらかじめ用意されているほうが使いやすく，頻繁な更新を促してくれる．

こうしてWebページを自分で設計するのではなく，日記形式の文章を書き込むスペースをひな形（テンプレート）として提供するサービスが生まれた．広告の掲示を条件に無償で提供されるサービスが多く，ブログは急激に普及した．ブログは発信者がただ書き綴るのではなく，閲覧者の書き込み欄があり，さらにトラックバックという機能があるので，双方向コミュニケーションのメディアとして重要な役割を担っている．トラックバックとは，参照したいブログの内容に対してリンクをはると，そのことを相手側に通知するしくみである．このようにして個人的な記録が社会的なメディアとして認知されていくことになる．

ナレッジ・コミュニティ

ナレッジ・コミュニティとは知識を共有する集合体のことである．さまざまな形態があり，オープンなものとしてQ＆A型と百科事典型の例をあげる．Q＆A型でよく知られているのが，Yahoo!知恵袋で，2004年からサービスが開始されている．Yahoo!知恵

袋ではYahoo!のIDがあれば誰でも質問を投稿することができ，回答を書き込むことができる．回答は無検閲なので正しいとは限らないが，質問，回答ともに評価をするしくみがある．

また百科事典型はWikipedia（ウィキペディア）がよく知られており，2001年にサービスが始まった．その特徴は，従来の百科事典のように特定の編集者がいるのではなく誰もが編集に参画できること，他の無料サイトのように広告収入に頼るのではなく寄付によって運営されていることである．そのため，記載内容は専門家の査読を受けていないので，内容の信憑性については保証されていない．しかし検索によって答えを見つける道筋としてはきわめて重要な役割を担っている．

ソーシャル・ブックマーク

よく利用するWebページはしおり（ブックマーク）としてURLを記録していくことができる．これを共有するサービスがソーシャル・ブックマークである．よく知られているのは，はてなブックマークである．ソーシャル・ブックマークでは人気があるサイトの閲覧数ランキングやコメントも記載され，興味あるサイトの発見に活用できる．

SNS

SNS（Social Networking Service，ソーシャル・ネットワーキング・サービス）とは人と人との交流を目的としたWebサイト，あるいは専用のアプリケーションを使用したサービスのことである．日本では2004年に開始されたmixi（ミクシィ）がよく知られているが，現在ではFacebook（フェイスブック）やTwitter（ツイッター），そしてLINEが独自のサービスを実施し，広く普及している．SNSの意味は広く，ブログなどを含めたソーシャル・メディア全般を指すこともある．

mixiは参加者からの招待によってユーザ登録することができる．Webブラウザを利用した参加者間でのメッセージのやりとりが基本になっている．

Facebookは2004年から始まった交流サイトである．ユーザの学歴や出身校などのプロフィールを公開することで，プロフィールの似た者どうしの交流が深まる．ハンドルネームを用いた匿名的なサービスではなく，個人情報をオープンにしているので，ビジネスにも利用されている．ユーザ数は16億人にせまっており（2015年時点），世界最大のSNSである．

Twitterは140文字以内の短いメッセージの投稿によって交流するサービスであり，手軽に利用できることから一気に普及した．写真などを添付することもできる．

またGoogleもGoogle+（グーグルプラス）というSNSを2011年に立ち上げて，ユーザを増やしつつある．

CGM

CGM（Consumer Generated Media，コンシューマー・ジェネレイテッド・メディア）とは，消費者がつくるメディアという意味の言葉である．ネットワークで利用者側が口コミをまとめたり，商品のレビューをしたりするもので，コンテンツの提供者側とは独立している．分類として，CGMはSNSを含むという解釈もあり，その定義は幅が広い．

歌声合成はCGMの一例である
→11.2節参照

キュレーションサイト

キュレーション (curation) という言葉は博物館や美術館での展示企画を行うことが本来の意味であるが，ネットワークでの意見を自動的に集約するのではなく，人の手でまとめ上げていくサービスを指す．NAVERまとめやTwitterの内容を集約するTogetterなどが知られる．

動画投稿サイト

YouTube (ユーチューブ) などの動画サイトは，ユーザが動画を投稿すると同時に，その感想などが書き込めるようになっている．テキスト主体のメディアでは言語別にコミュニティが形成されるが，映像は世界共通のメディアなので，さまざまな言語での書き込みが混在して見られる．これらの書き込みを通じて国や地域による反応の違いを文化として感じ取ることができる点で，きわめて重要なソーシャル・メディアである．

通販サイトのレビュー投稿

音楽CDや書籍などの通販サイトでは，レビューを書き込む欄がある．通販サイト側が運営するので言論の自由度が気になるが，批判的な内容や荒らし目的のレビューは投稿者間で淘汰されて妥当な論評に収束することが期待されており，多くの場合，自由なコミュニティが形成されている．

8.3 ソーシャル・メディアの影響

6次の隔たり

「知人の知人の知人」という関係で6人以上をつなぐと世界中の人とつながるという説を「6次の隔たり」という．単純な計算では，重複しない知人が30人いたと仮定すると，30人の6乗は7億2900万人となり，世界規模に拡大することがわかる．実証実験も行われている．このような傾向は，リンクをはりやすいネットワーク環境ではいとも簡単に人をたどれることを意味し，SNSの効力を考える際によく参照される．

既存メディアとソーシャル・メディアの関係

ネットワーク・メディアの進展により新聞の発行部数は減少しており，放送事業の発展も横ばい状態である．それに対しソーシャル・メディアを通じた言論活動は増加傾向にあり，新聞やテレビを超える影響力を持つほどになっている．新聞やテレビは一方向的に政治問題を伝えるだけだったのに対し，ソーシャル・メディアでは誰もが発言することができ，自由に政治討論ができる．政治家もこの流れを無視することはできず，ブログやFacebook，Twitterを通じた新しい政治活動を生み出している．

ソーシャル・メディアの利用実態

ソーシャル・メディアの利用者は増加しているが，SNSの代表的なものとしてLINE，

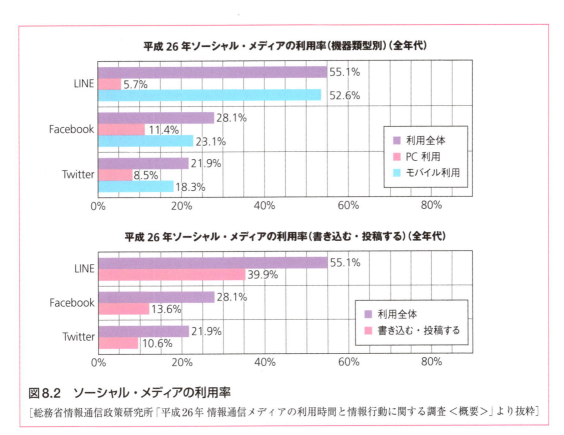

図8.2 ソーシャル・メディアの利用率
[総務省情報通信政策研究所「平成26年 情報通信メディアの利用時間と情報行動に関する調査＜概要＞」より抜粋]

Facebook, Twitterのユーザ数の比率を図8.2に示す．ソーシャル・メディアは広告を収入源にしておりサービス競争は激しく，今後も変化することが予想される．

放送とソーシャル・メディアの連携

ソーシャル・メディアと放送などの既存メディアとの連携も行われている．放送は一方向的な情報発信なので，視聴者からのフィードバックの役割をソーシャル・メディアに託しているわけである．このようなソーシャル・メディアの活用を通じて視聴者とのつながりを深め，番組企画や放送内容にフィードバックを反映することができるのである．

ネット社会がもたらす影響

ソーシャル・メディアがもたらす社会を「ネット社会」と呼んでいる．ソーシャル・メディアでは，誰もが平等な立場で意見を述べ合うことができる．権威に左右されずに発言できる機会が生まれたことは歓迎すべきであろう．しかし，その質は既存のメディアと比較してどうなのだろうか？

インターネットは議論に活発に反応する人に牽引力があるが，ある意味で時間に余裕のある人が活動していることが多い．また，執念のようなものがネットでの発言を量的に支配することも考えられる．したがって政治的，社会的発言に関してはそれらを束ねて多数決でものごとを判断することには慎重になるべきである．つまり，ネットワーク上のデータ解析で単純に抽出される集団意識を大衆一般の意識と判断するのは早計である．

一方で，ネットワークの社会的発言や活動から，適切に集合的な社会意識を見いだす，あるいはそれを補助する手法をつくり上げることができれば，新しい大衆意思を確認す

る手段となる可能性がある．ソーシャル・メディアを，社会意識を確立する場とするためには，まだまだ未熟な段階にあるといえよう．

　人が集うとき，その人数によって議論の仕方や結果は異なってくる．ソーシャル・メディアで議論する場合もどのくらい人数が参加しているかによって議論の行方は変わってくる．例えば，興味が集中する小規模なグループにおいて，そのなかで意見を述べる人が2割ぐらいだとしても，黙っている人たちがどのような考え方を持っているか類推できるケースも多いだろう．しかし，規模が大きくなると寡黙な人たちの考え方は読めなくなっていく．議論が深まればそこに意見の集約が生まれるが，同時に議論に参加できる人数には制限があると考えなければならない．

ネット社会の可能性と限界

　ソーシャル・メディアは，私たちが経験したことのないコミュニケーションの環境をつくり出した．離れた人たちがネット空間であたかも対面しているかのようなコミュニケーションができる場をつくり出した．病気やケガ，身体における障がいなどで活動範囲が限られた人々にとっては，大きな可能性を開いてくれたのである．そこには多くの利便性が見いだされる．しかし，そこにあるのはあくまでもネット空間における社会的な空間なのである．対面していないからこそ本音がいえる．しかし，対面していないからこそ，身勝手なこともいえるのである．人を中傷する言葉も容易に発言できてしまう．他者を配慮することで社会的生活は成立している．ネット空間でのコミュニケーションが常に問題を孕むわけではない．けれども，自由な発言が可能なだけに，それに伴う責任やモラルが生じることになる．ソーシャル・メディアの進化はまだ続くことであろう．その進化とともに，利用者である私たちにも進化が迫られているのである．

章末課題

8. ソーシャル・メディア

- 現在利用しているソーシャル・メディアを列挙し，それぞれの特徴と利点・問題点をまとめよ．

9 社会インフラとサービス

行政ではサービスの効率化や公平化，公正化を推進する必要がある．交通インフラについてはより安全な道路交通の実現が目標になる．医療では高齢者や障がい者に対する福祉政策の充実が急がれている．また教育では機会均等を目指したオンライン化（電子化）が進んでいる．これら社会基盤としてのインフラサービスについて解説する．

9.1 行政

行政手続きのオンライン化

国は，2015年「世界最先端IT国家創造宣言」のなかで，「公共サービスがワンストップで受けられる社会」を実現するために，より便利で利用者負担の少ない行政サービスの提供することを目指している．そこでは，徹底したコストカットおよび効率的な運営を通じて実現していくとしている．「ワンストップサービス」とは，行政に関する手続きを部署別ではなく1か所でできるようにすることを意味する．

ネットワークやコンピュータシステムを活用してオンライン化された行政（サービス）は，電子政府とも呼ばれている．政府は電子政府の総合窓口としてe-Gov（イーガブ）を設けている．ここでは，「法令検索」「行政手続情報案内」「パブリックコメント情報案内」「行政文書ファイル管理簿の検索」「個人情報ファイル簿の検索」「組織・制度の概要案内」「政策提言に関する意見・要望」などが取り扱われている．

現在，国民への行政サービスの向上と効率化を目的としたシステムのオンライン化が始まっている．住民基本台帳ネットワークシステムやマイナンバー制度の導入がその代表である．納税手続きについては確定申告のためのe-Tax（イータックス，国税電子申告・納税システム）と呼ばれるシステムが使われている．

住民基本台帳ネットワークシステム

住民基本台帳とは，市町村単位で住民票を管理するものである．この情報をネットワークで共有するしくみが「住民基本台帳ネットワークシステム（略称：住基ネット）」であり，2002年に運用が開始された．これに伴い交付されたのが住民基本台帳カードである．ICカードであり，住民票などの自治体の証明書交付サービスを自動化することができた．しかしこれは次項に取り上げる「マイナンバー制度」の導入により，2015年12月でその発行を終了し，2016年1月以降は「個人番号カード」への変更が求められることになった．

> 住基ネットの導入に際しては，個人情報保護やシステム管理などの点で問題があるとの指摘があり，地方自治体の間で導入時期にずれが生じたが2015年3月にすべての自治体の参加が実現された．

マイナンバー制度

　国は,「国民の利便性の向上」「行政の効率化」「公平・公正な社会の実現」を目的に2016年よりマイナンバー（個人番号）制度の運用を開始した（図9.1）．具体的には,「社会保障」「税」「災害対策」の大きく3つの柱のなかで活用されることになる．この制度により,すべての国民に12桁の固有の番号が与えられることになった．この番号は,原則として一生涯変更されることはない．また,外国籍を持つ人も,中長期在留者,特別永住者などで住民票がある場合には,マイナンバーが与えられる．本制度導入後は,就職・転職・出産育児・病気・年金受給・災害等,多くの場面で個人番号の提示が必要となった．

　この制度に伴い「個人番号カード」の交付が決まった．個人番号カードは本人の申請により交付され,本人確認の際の公的な身分証明書としても利用できる．

総合行政ネットワーク

　地方自治体が持つネットワークは相互接続され,LGWAN（Local Government Wide Area Network）と呼ばれる広域のネットワークが運用されている．2002年には中央省庁の統合ネットワークである霞ヶ関WANともつながり,総合行政ネットワークをつくり上げている．このネットワークは,地方公共団体間の情報の共有と相互の利用を可能にしたもので,行政に特化したネットワークである．

地方行政におけるメディア情報サービス

　地方行政においては,住宅などの地理情報を把握する必要がある．インターネットを利用した台帳管理にはNTTデータがゼンリンと連携して提供しているGeogate（ジオゲート）などのサービスがある．また,防災にメディア技術を活用することも重要である．画像やセンサの情報を共有することで防災や危機管理を強化することができる．

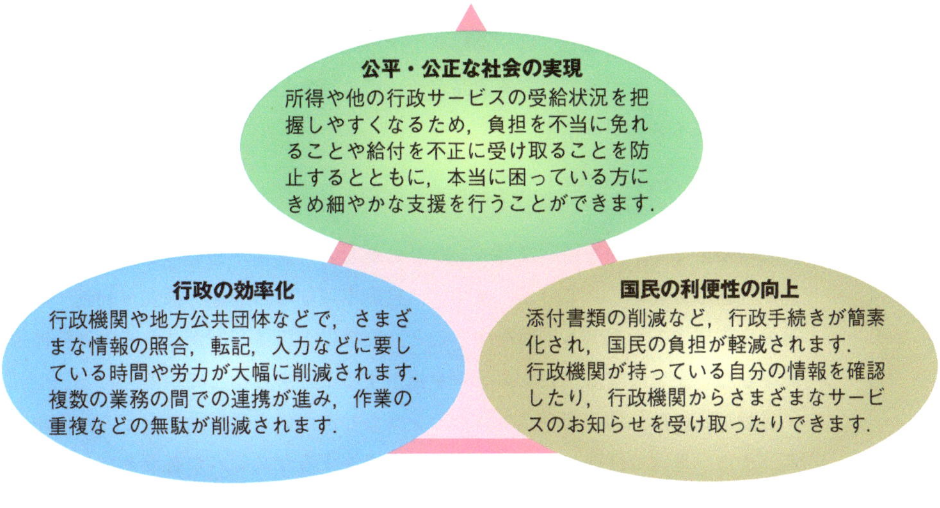

図9.1 マイナンバー制度
［内閣官房ホームページをもとに作成 http://www.cas.go.jp/jp/seisaku/bangoseido/gaiyou.html］

公平・公正な社会の実現
所得や他の行政サービスの受給状況を把握しやすくなるため,負担を不当に免れることや給付を不正に受け取ることを防止するとともに,本当に困っている方にきめ細やかな支援を行うことができます．

行政の効率化
行政機関や地方公共団体などで,さまざまな情報の照合,転記,入力などに要している時間や労力が大幅に削減されます．複数の業務の間での連携が進み,作業の重複などの無駄が削減されます．

国民の利便性の向上
添付書類の削減など,行政手続きが簡素化され,国民の負担が軽減されます．行政機関が持っている自分の情報を確認したり,行政機関からさまざまなサービスのお知らせを受け取ったりできます．

9.2 交通

ITS

ITS（Intelligent Transport System，高度道路交通情報システム）とは，道路交通が抱える渋滞や事故，環境対策に対して情報通信技術を活用して最適化を検討する総合的システムである．現在，カーナビゲーション・システムによるVICS情報やETCはそれぞれ独立したサービスになっているが，これら車の走行に関わる情報を一元化して配信することが計画されており，実験的な運用が始まっている．

VICS

VICS（Vehicle Information and Communication System）はITSの一部を担うもので，道路の渋滞や交通規制などの情報をリアルタイムに送信し，カーナビゲーション・システムに反映するサービスである．警察や道路管理団体から日本道路交通情報センター（JARTIC）に送られた情報はVICSセンターで編集されて，FM多重放送や高速道路に設置されたビーコン，一般の主要幹線道路に設置された光ビーコンを通じてカーナビゲーション・システムに送信されるしくみになっている．

ETC

ETC（Electronic Toll Collection System）は高速道路の電子的な料金課金システムで，2001年から利用が始まった．ETCを利用するためにはETCカードを読み込む機器を車に搭載する必要がある．料金所通過の際にETCカード番号，入口と出口に基づく料金情報が無線で受け渡される．利用している無線帯域は5.8 MHzである．

現在，道路に設置されたITSスポットと対応車載器との間の高速・大容量通信により，広範囲の渋滞・規制情報提供や安全運転支援などのさまざまなサービスが受けられるETC2.0の運用が始まっており，今後はその利用地域の拡大が期待される．ITSスポットで車載器が情報を蓄積し，特定の場所でドライバーに情報提供することも可能となっている．将来的にはすべての高速道路がサービス対象となる予定である．図9.2にETC2.0のサービスイメージを示す．

自動車の自動走行

より安全で効率的な道路交通インフラの新しい可能性として，自動走行システムの開発が世界中で進められている．まずは，自動車運転時の加速・操舵・制動に対して安全運転を支援するシステムを構築すること，究極はドライバーがこれらの運転技術に対し関与しない完全な安全走行システムを提供することを目指している．

自動運転には車両に組み込まれたセンサなどを用いた位置検出などの技術が重要である．また，地図と連携して道路状況などを把握するシステムが必要となる．このような地図システムは「ダイナミックマップ」と呼ばれ，開発が進められている．自動走行システムはいずれ世界中に波及するものであり，地図システムを含めた国際標準化に向けた取り組みが重要である．

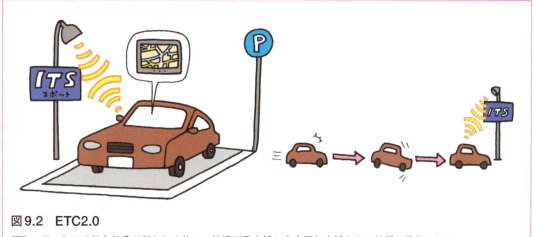

図9.2　ETC2.0
ITSスポットでは料金収受が行われる他に，渋滞回避支援や安全運転支援などの情報が提供される．

9.3　医療・福祉

電子カルテ

　厚生労働省は保健医療分野の情報化を進めており，電子カルテと診療報酬制度のオンライン化を推進している．なかでも電子カルテは診療記録であり，患者の個人情報であるため，その管理を含めた体制の整備が重要であるが，フォーマットを含め，まだ標準化には至っていない．特に診療記録にはX線写真やスケッチなどが含まれ，気づいたことは漏らさず記録する必要があるため，まだまだ使いやすくする必要があるPCへの入力には課題がある．また診療記録はすぐその場でとることが義務づけられているため，電子化が進まない要因になっている．しかし，だからこそ音声認識・スケッチ記録・立体映像記録などの技術を駆使したカルテの電子化を推進し，診察経過記録の高度化を目指さなければならない．

　また医療経過の記録は患者個人にとどまらず今後の医療を発展させるためのデータベースの役割も兼ねている．もし統一したデータ化が達成されれば統計的なデータは自動的な更新が可能となる．しかし，その分類は簡単ではなく，個人情報との境をどう設定するかも課題である．

遠隔医療

　医療は基本的に医師と患者の対面によって実施されるものであるが，専門医が不足する地域では，メディアを介した医療に期待がよせられている．アナログ電話回線を通じて映像を送るサービスが始まったころから，映像を通じた遠隔医療の実験が行われてきた．診察に使うシステムとしてはテレビ会議システムが用いられるが，血圧などの生体のデータは直接通信を行い，管理することができるので，リアルタイムでない診療も実施できる．

　テレビ会議システムを活用した問診や診察はすでに過疎地などで実施されているが，

高度な診療に踏み込むためにはメディア系のさらなる高度化が必要である.

遠隔医療は大きく2つに分けることができる.ひとつは,医師が遠隔地の患者を診療する「医師」対「患者」(Doctor to Patient, DtoP)である.訪問看護や生体情報のモニタリングなどを組み合わせることにより,在宅,あるいは介護施設で療養している患者への対応を可能にしている.離島や僻地医療にも新たな可能性が広がっている.もうひとつは,医師が他の医師の診療に参加したり支援したりする「医師」対「医師」(Doctor to Doctor, DtoD)である.遠隔放射線画像診断や遠隔術中迅速病理診断などにより,専門医の不足を補うとともに医療の質の向上が期待される.図9.3には総務省が推進している映像関連技術を活用した専門医療機関とのネットワーク接続医療の全体像を示す.

その一方で,医療行為という人間の生命に関わる行為において,医師と患者が対面しない状況については,十分注意が払われなければならない.医師法(第20条)では,無診察診療を禁じている.このことについて厚生労働省は遠隔医療をあくまでも対面医療の補完と位置づけており,この法律への抵触はないとの判断を示している.しかし,その運用の仕方によっては,大きな問題を抱えることもまた事実である.このような状況のなかで厚生労働省は,各都道府県知事宛に「情報通信機器を用いた診療(いわゆる「遠隔診療」)について」という文書を通知し,留意事項を示している.また関連学会でもそれぞれガイドラインを設けて運用の自主的な適正化を図っている.

福祉対策

高齢者や障がい者などに対し必要な介護や医療補助は,メディアやネットワークによって自立支援を展開することができる.図9.4には総務省が推進している支援システムの

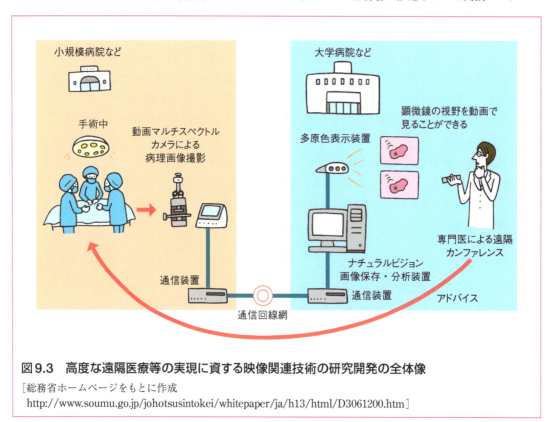

図9.3 高度な遠隔医療等の実現に資する映像関連技術の研究開発の全体像

[総務省ホームページをもとに作成
http://www.soumu.go.jp/johotsusintokei/whitepaper/ja/h13/html/D3061200.htm]

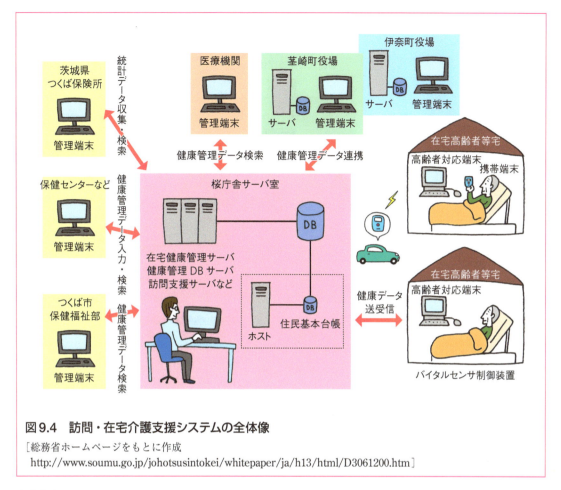

図9.4　訪問・在宅介護支援システムの全体像
［総務省ホームページをもとに作成
http://www.soumu.go.jp/johotsusintokei/whitepaper/ja/h13/html/D3061200.htm］

全体像を示す．

　介護支援を必要としない健常者に対しても，メディア技術は日ごろの健康管理に活かせる．血圧，脈拍や血糖値など日常的に測定できる健康データについてはオンラインでモニタし，家族や医療機関と連携した健康管理が考えられる．

診療報酬明細のオンライン化

　我が国では診療にかかる費用の一部は公的な保険が負担する．したがって医療行為や薬の調剤に関する報酬について会計を明確にし，事務を効率化するために，オンライン化が推進されてきた．医療報酬の明細書は「レセプト」と呼ばれており，医療行為が点数化され，それに応じて患者に対する補助の部分を保険機関に請求するしくみになっている．

　このようなシステムのオンライン化が進められている．現在，電子レセプトには，厚生労働省が定めた規格・方式（記録条件仕様）に基づいたコンピュータで扱うフォーマットがあり，その様式は保険医療機関・保険薬局，審査支払機関に共通なものとなっている（図9.5）．そして，紙レセプトから電子レセプトへの移行が進められ，現在，電子レセプトによる請求が原則，義務化されている．

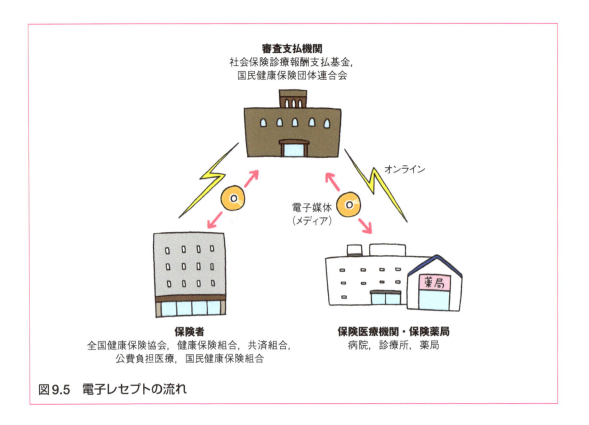

図 9.5 電子レセプトの流れ

9.4 教育

遠隔教育

　広く社会人に大学教育を実施するため，放送大学が1981年より開講されている．124単位のうち20単位は面接による授業が必修であるが，他は放送によって受講し，試験によって評価する．教養学部教養学科に6コースがあり，大学院もある．

　当初はUHFによる地上波で放送されていたが，現在はBSディジタル放送となり全国どこでも受信できる．放送受信は無料であるが，履修のためには学費が必要である．なお，一部はネットワークを用いた配信が行われている．

　映像系を用いた遠隔教育は，複数のキャンパスを持つ大学や予備校などでも実施されている．マルチメディアを駆使したシステムの限界としては音声の同時双方向通話が難しい点があり，講義者が受講学生の反応を把握しにくい．臨場感の向上が望まれる．

オンライン教育

　インターネットで教育を行うオンライン教育の一環として注目されているのが「MOOC（ムーク，Massive Open Online Course）」である．端的にいえば，無料で利用できる大規模なオンライン教育のことである．いままでの教育は場所や学費，時間に縛られてきた．しかし，学費無料でオンラインなら，いつでも参加できる・学費がかからない・地域に縛られない交流が生まれるという利点がある．米国のMIT（マサチューセッツ工科

大学)の公開講義がよく知られている.

　実際にこのような授業では,ただ講義を受けるだけではなく,インターネット上の掲示板などによるフィードバックや授業評価のしくみも用意されていることがある.評価の方法はまだ確立されているわけではないので,大学卒業資格とは別の資格を与えている.しかし,ここに集う参加者は学びの目的をしっかりと持っている人たちなので,別の資格であっても,その学びが認められて就職や転職に結びついているようである.

　日本でも2013年に日本版MOOCであるJMOOC(日本オープンオンライン教育推進協議会)が日本の大学と企業との連合による組織として立ち上がり,複数の大学がこれに参加し講座の提供を行っている.

　オンライン教育の出現は,反転学習(Flipped Learning)という新しい学習法をもたらした.従来,学校での授業は知識の習得を中心にした説明的な内容であったが,これをオンラインで事前に学習させ,対面的な授業では,この事前学習を前提にその定着の確認や学習者どうしの議論などを行う.これまでの学校教育では,思考力・応用力の育成の面では十分な時間を確保することが難しかったが,これを補うものとして期待されている.

タブレット端末を用いた教育

　文部科学省は,2010年10月に新学習指導要領に対応した「教育の情報化に関する手引」を,2011年4月には「教育の情報化ビジョン～21世紀にふさわしい学びと学校の創造を目指して～」を公表し,教育の情報化を促すことになった.そこではICT技術を活かした教育活動が目指されることになった.

　黒板・教科書・ノートを使った教育から,メディアを用いた教育に変わっていくのだろうか? ここで問題になるのが,知識や思考をまとめるのに最適なツールは何かということである.紙(教科書やノート),PC,タブレットを利用した学習環境について図9.6で比較した.

　現状の技術ではさまざまな面で紙の優位性が目立つが,学習内容を個人に合った内容に変更したり,進捗状況を管理したりといった場面でメディアを用いた新しい学習管理

	教科書/ノート	PC	タブレット
入力手段	筆記具	キー入力	タッチパネル
文字入力	○	△	×
読みやすさ	○	△	○
描画	○	×	△
疲れにくさ	○	×	×
カスタム化	×	△	○
双方向性	×	○	○
進捗管理	△	○	○
記憶	○	×	×

図9.6　教育のためのツール比較

が期待されている．タブレットは初等教育を中心に活用が始まっており，学習塾が積極的な活用を進めている．

これからの教育環境

ナレッジ・コミュニティ
→8.2節参照

　知識を得たければ，ネットワーク上に存在するナレッジ・コミュニティやMOOCなどを利用して，お金をかけなくても教育を受けることができる．そのようなネットワークを活用した教育環境が教育全般に波及するのであろうか？　学ぶ意欲があれば，自由に学ぶことができる．しかし，意欲の向上・維持や学習を通じた社会的コミュニケーション能力の醸成のためにも，リアルな教育の現場が存在するのである．

　メディア機器の発達は，教育の面にも多くの可能性を私たちに提供してくれる．しかし，それを利用するのは私たち自身であり，私たちが自ら学ぶ姿勢を持つことがまず必要なのである．

章末課題

9. 社会インフラとサービス
- 行政を効率化するためのメディアの活用法を提案せよ．
- 医療や福祉への情報通信技術の利用について，今後どのような発展が期待されるかを述べよ．

10 ビジネスを支えるメディア

現代のメディアは私たちの生活のあらゆる場面に影響している．特に経済活動において，生活様式を変えるほどその影響は大きい．店舗に出向かないインターネットでの商品の購入や，Webを主体としたマーケティングなど，私たちの経済活動を支えるメディア技術とサービスについて解説する．

10.1 金融

インターネット・バンキング

インターネットの普及は，対面的な経済活動を大きく変えた．そのひとつがインターネット・バンキングの出現である．これは，銀行の窓口に代わって，インターネットを利用して銀行との取引を行うサービスである．主なサービス内容としては，預金残高照会，入出金照会，口座振り込み，口座振替などがあげられ，ATMで行われる業務に対応している．利用にあたっては，専用のソフトウェアを用いるものもあるが，Webブラウザを用いるものが主流である．

インターネット・バンキングは，銀行の窓口やATMまで出向く必要がないので時間的な制限がなく，また，取引手数料が安いというメリットがある．しかし，インターネットを介して現金が取り扱われることからセキュリティ対策が重要となる．現在，支店を持たないインターネット取引を基本とする「ネット銀行」も存在する．

クレジットカード

クレジットカードは，商取引における決済を，カード会社を経由して行うために用いられる（図10.1）．カード契約者の支払いをカード運営会社が一時的に肩代わりし，契約に従って利用者の銀行口座から後日その支払い分と利用手数料を引き落とすためのサービスに利用される．利用者はカード会社と会員契約を取り交わし，会員規約を遵守する会員となることでカード決済の利用が可能になる．基本的にはカード利用にあたっては審査があり，月単位の利用限度額が定められている．販売店側もまた，カード会社と加盟店契約を取り交わし，加盟店となることでカード決済が可能になる．このように1枚のカードで，商取引が現金を扱うことなく簡略化される．

特に，インターネットでの商取引が普及してからは，クレジットカードの持つ特性は，さらなる利用者の拡大につながっている．現在は商取引だけではなく，キャッシングサービスとして，現金を借り入れることも可能になった．VISAとMasterCardが2大大手で

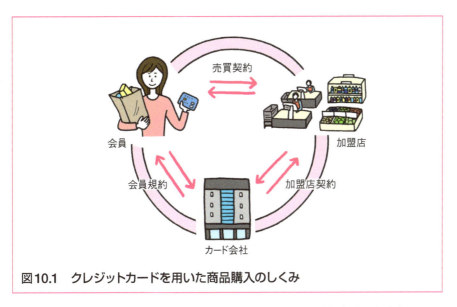

図10.1　クレジットカードを用いた商品購入のしくみ

あるが，American Express，JCB，Diners Club，Discover，中国銀聯などもある．

プリペイドカード

　プリペイドカードとは，現金に代わり支払いに利用できるカードシステムである．あらかじめ一定の金額をカードに記録（チャージ）し，商品購入やサービスを受けるたびにその記録額を減額していく．このカードは，「前払式支払手段」として法律的に位置づけられる．

　前払式支払手段は，大きく次の3つに分類される．それは，「商品券やカタログギフト券」「磁気型，ICチップ型のプリペイドカード」そして「Web上で使えるプリペイドカード」である．

　磁気型は，1982年，公衆電話で用いるテレホンカードが先駆けとなった．磁気記録による使い捨て型の簡素な形態から，最近はICチップ型の再チャージできるタイプが増えている．交通費支払いに用いられるSuicaやPASMOなどの交通カードが知られている．

電子マネー

　電子マネーとは，貨幣に代わって，電子的に金額を管理し，決済するための手段である（図10.2）．電子マネーは，「オンライン方式」と「チャージ式（オフライン方式，プリペイド方式ともいう）」の2つの種類に分けられる．

　オンライン方式では，金融サービス会社間をオンラインでつなぎ，決済を行う．チャージ方式では，消費者がプリペイドカードのように入金のデータを記録（チャージ）し，端末を用いて決済を行う．プリペイドカードは特定のサービスに対応しているが，電子マネーは加入団体間で使えるため，より貨幣の代用に近いものになっている．また，利用に応じてポイントをつけるなどの付加価値を持つものも多い．この制度を利用して，加盟店へ顧客を囲い込むことなどの効果も持っている．

　楽天Edy，nanaco，WAONなどがよく知られており，カード以外におサイフケータイなどのサービスに利用されている．

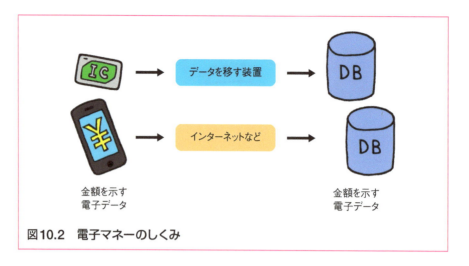

図10.2 電子マネーのしくみ

オンライン・トレーディング

　オンライン・トレーディングとは，インターネットを介して行われる株などの証券取引を総称したものである．従来，個人の証券の取引は，主に証券会社を介したものであり，売買には手続き上の時間的なロスがあった．しかし，インターネット上で行うこの取引は，株価変動を見ながら即座に取引できる点が魅力である．現在では，ネットワーク上の取引に特化した「ネット証券」と呼ばれる会社もある．

　個人の投資家は相場の変動を見ながらこまめに取引を行うことができ，日々取引する人たちはデイ・トレーダーと呼ばれる．株取引の手数料は自由化されているので顧客確保の競争が激しい．

10.2 電子商取引

eコマース

　ネットワークを通じて行う契約や決済などの商取引を電子商取引といい，「eコマース（e-commerce）」とも呼ばれる．この電子的な商取引は，大きく3つに分けることができる．

◆企業間取引

　B to B（Business to Business）取引は，かつて電子商取引の中心であった．しかし，インターネットの普及により，一般の消費者までその範囲が大きく広がった．

◆企業−消費者間取引

　現在，インターネット・ショッピングなどに代表されるB to C（Business to Consumer）取引．

◆消費者間取引

　ネット・オークションなどのC to C（Consumer to Consumer）取引．

　インターネットの普及は経済活動そのものの形態を変え，電子商取引は販売者と顧客の双方の関わり方を変えた．そこには大きな利点がある．販売者の側から見ると，店舗

を介さない商品の販売は，従来の店舗による取引と比べて維持コストが少なくなった．実際の店舗を持たずに，あるいは，事務所だけで会社の運営ができるのである．また，利用者の側では，自宅にいながら地域の格差なく商品を手に入れることができるようになった．希少商品の入手には困難があったが，世界規模で必要とする商品を検索し，購入することができるようになった．

インターネット・ショッピング

インターネット・ショッピング（ネットショッピング）とは，インターネット上に開設された店舗を通じて商品購入を行うしくみのことである．商品をホームページ上に表示して商品紹介を行い，それに対して注文を受ける一種の通信販売の形態をとる．これまでにもカタログ販売に代表される通信販売という非対面的な商取引は存在したが，ホームページを活用したこのしくみは，低コストでしかも多種類の商品を紹介でき，単にカタログのディジタル化にとどまらない効果を持っている．

近年は，書籍，音楽，写真，イラスト，さらにはゲームソフトなどをダウンロードさせるかたちでコンテンツを提供するものもある．また，代金の支払いは，振り込みや代引きなども用いられるが，クレジットカードを利用した決済を行える点も特徴的である．

インターネット上で複数の業者をまとめて仮想の商店街をつくり運営するサイトを電子モール（電子商店街，サイバーモール）という．大手では楽天市場が知られている．

インターネット・オークション

インターネット・オークション（ネットオークション）とは，インターネット上に開設されたオークションサイトに個人が商品を出品し，それをユーザどうし，つまり C to C で商品価格を競り合って売買を行うしくみである．日本では，ヤフオク！や eBay（イーベイ）がよく知られている．オープンな競りによって落札する方法は観察するだけでも面白いので，オークションを眺めることを趣味にしている人もいる．

ネットオークションは出品者の情報がはっきりせず，商品確認を十分できないことから詐欺まがいの商品や違法な商品も出回っているので注意が必要である．出品された商品の希少性や需要者の数によって価格が変動し，利用者の自己責任が問われることになる．

10.3 マーケティング

オンライン・マーケティング

商業活動において，顧客のニーズやその動向は重要な要素になる．オンライン・マーケティングとは，ネットワークを通じた消費動向調査，広告，そして販売促進の手法である．以下に代表的な手法をあげる．

◆ SEO（Search Engine Optimization）
検索エンジンを用いた場合，検索結果の上位に表示されるようにWebサイトを最適化するマーケティング手法である．Webページのキーワードの選択などが決め手となる．

10. ビジネスを支えるメディア

◆ アクセス解析

　Webサイトの閲覧状況を調べるマーケティング手法である．閲覧者のリンク元URLや閲覧時間帯，閲覧時間数，訪問回数，地域，あるいは使用したOSなどを調べる．

◆ ランディング・ページ最適化（LPO，Landing Page Optimization）

　Webサイトの閲覧者がサイトを参照した場合に最初に閲覧するページをランディング（着地）ページという．多くのユーザはこのランディング・ページで次の内容に進むかどうかを決定する．すなわち，最初に閲覧されるページの内容やデザインによって，このWebサイトの意義が決定されてしまうのである．LPOは，この特性を受けてランディング・ページを収益につながるように最適化するマーケティング手法である．

◆ バイラル（Viral）マーケティング

　口コミによる話題づくりを意図的に進めるマーケティング手法である．バイラルとは，「ウイルス性」を意味する言葉であり，情報が口コミによってウイルスが拡散するように伝達される様子から名づけられた．

　最近では動画サイトに商品の使い方や感想などを投稿する手法（バイラル動画）が増えつつある．その効果はアクセス件数や寄せられるコメントで観察することができる．近年，急激な利用者の増加を見せているソーシャル・メディアは，新たな口コミ状況をつくり出しており，さまざまな企業がこの手法に注目している．

インプレッション，レスポンス，アクション

　インターネットを用いた広告は，従来の広告とは異なった特徴を持っている．広告の閲覧は，利用者の能動的な行為になる．インターネット上では，導入用のバナーを用意し，閲覧者の関心を引く言葉や図像を用いて，広告へ導く手法が用いられている．インターネットでは，その階層構造を利用し，閲覧頻度の高いホームページの一部にバナー広告を貼り，そこから自身のホームページに導く手法がある．この手法を用いた広告戦略として，次の3つのキーワードが使われる．

◆ インプレッション

　広告のデザインがもたらす印象のことである．紙媒体であれば，対象の商品に応じて，紙の質や印刷状態，発行枚数などで特徴づけすることができる．例えばスーパーのチラシなら安く大量に，高級ブランドなら品質の高いパンフレットを数を限って配布することなどで，商品に応じた印象を演じやすい．しかしインターネットによる広告ではそのような差異化はできないので，商品のランクや価値をどのように印象づけるかが重要である．これがここでいうインプレッションである．

◆ レスポンス

　広告を見たユーザが専用のサイトに誘導される反応のことである．バナー広告などを見たユーザのワンクリックで，サイトにつながることになる．ここでの広告それ自体は，情報が少なかったり，小さな文字であったりしても，レスポンスが高ければ良い．広告の質よりも量で効果を上げることを期待している．

◆ アクション

　商品広告の最終目標は，その商品の購買につなげることである．ここでいうアクションとは，サイトにつながったユーザが実際に資料請求をしたり，商品購入をしたりする行動のことである．これらの実際の行動に結びつくことが重要である．

インターネット広告の代表的な手法

　インターネットを用いた広告は，安価に，しかも多数の人に伝達できるところに大きな特徴がある．さらに広告と同時に商品の問い合わせや購入が直接行えるしくみを兼ね備えることができるところも他の広告メディアとの違いである．インターネットを活用した代表的な広告手法を以下にあげる．

◆バナー広告

　Webページの脇に掲載される広告である．ユーザの閲覧履歴などが反映される．ユーザが閲覧する頻度の高いWebページに掲載することで，高い広告効果が期待できる．

◆リスティング広告

　検索エンジンンを用いて検索する際に，そのキーワードに応じて掲載される広告である．文字のみで提示される形式で，テキスト広告の一種である．検索結果に付随するかたちで情報が提供され，その文字をクリックすることで広告主のページが展開する．

◆タイアップ広告

　Webページに掲載されている記事に連動するかたちで掲載される広告である．広告主とメディアとの間の共同制作によるもので「記事広告」と呼ばれることもある．

インターネット広告の料金体系

　Webページを利用した広告について，広告主がWebページ管理者に対して支払う料金には以下のような方式がある．

◆枠掲載型

　Webページに広告を記載する際の枠の位置や大きさに応じて課金する方法である．新聞や雑誌の広告はこの方法で課金される．

◆クリック課金型

　広告を掲載するだけなら無料であるが，Webページの閲覧者が広告へクリックすることで課金される．

◆インプレッション保証型

　Webページでの広告には同一枠のなかで複数の広告が順次入れ替わり掲載されるものがある．このような広告に対して，クリック数ではなく一定の表示回数に至るまで掲載を継続することを保証するのがこのシステムである．広告の露出回数を基準にしているところがクリック課金型と異なる．

◆アフィリエイト広告（成果報酬型広告）

　Webページに掲載した広告を閲覧したユーザがクリックして会員登録や商品購入などの実績が記録されると，それに応じて課金される．

ディジタル・サイネージ

　屋外や公共空間の広告では印刷ポスターや看板が使用されてきたが，それらに代わり，液晶ディスプレイなどの表示装置による広告が広まりつつある．場合によっては音の再生機能を有している．このような広告メディアを「ディジタル・サイネージ（digital signage）」と呼ぶ．

　ディジタル・サイネージは従来のポスターのように貼り変えの手間がなく，オンライ

ンで時々刻々と広告内容を更新することができる利点がある．また，自動販売機のなかには，ディスプレイの前にいる人物の特徴からその嗜好を判断し，広告内容を変化させる機能を持つものもある．さらに，公共空間では，緊急情報の提示や案内掲示板の役割と連携させることによって，広告媒体としての機能を高めることが期待されている．

章末課題

10. ビジネスを支えるメディア

- プリペイドカードの利点と問題点についてまとめよ．
- マーケティングには今後どのようなメディアの利用形態が考えられるかを述べよ．

11 教養とエンタテインメント

　メディアの発展で大きく成長したのが教養とエンタテインメントを担うコンテンツ産業の分野である．本章では書籍，音楽，映像，ゲームなどのコンテンツ制作や流通のしくみについて解説する．それらの供給は作品1点ずつのダウンロード方式に加え，一定期間見放題，聴き放題のストリーミング型サービスが増えつつある．また，エンタテインメント作品は複数のメディアに展開されることが多い．

11.1 書籍

印刷物のネットワーク販売

　書籍は教養の糧として大きな役割を占めている．書籍流通の革命となったのは1995年から始まったamazon（アマゾン）によるインターネットを利用した書籍販売である．現在では実店舗を展開する書店もネットワーク販売に力を入れている．一般の書店では，書籍の種類や量において在庫には限界がある．しかし，ネットワーク販売は，専門書の注文でも迅速に対応できる点が特徴である．また，購入履歴により嗜好が分析され，おすすめ本が表示される機能（レコメンデーション機能）などを活かし，販売を促進している．

　読み捨てることが多い時事雑誌類は，Web上の無料の時事情報やオンライン型電子書籍サービスなどに押されて低迷傾向にある．

電子書籍

　電子書籍とは電子的なファイルとして配布される書籍である．「電子ブック」「eブック」などとも呼ばれる．電子書籍は専用の電子書籍リーダのほか，専用のアプリケーションを使えば，PCやスマートフォンからでも利用できる．

　電子書籍にはダウンロード型とオンライン型がある．ダウンロード型では書籍ファイルは自分で管理できる．これに対しオンライン型では，閲覧のみ可能でPCに記録できない．漫画や雑誌向けである．ダウンロードした書籍ファイルの数は，端末の容量にもよるが，同時に何千冊の書籍を持つことが可能である．保管場所に困らず，どこからでもアクセスできる電子書籍は利便性が高い．また絶版になった書籍は，電子書籍化すれば容易に復刻できるので，新たな利便性がもたらされる

　一方，電子書籍は著作権の管理の問題がある．また，端末機器の性能によっては，紙に比べると読みやすいとはいいがたい．そして，さまざまなサービスごとの著作権管理の

図11.1 電子書籍の利用率
[総務省「ICTの進化がもたらす社会へのインパクトに関する調査研究」平成26年をもとに作成
http://www.soumu.go.jp/johotsusintokei/whitepaper/ja/h26/html/nc141120.html]

しくみに束縛されるので，一元的な管理ができないなどの問題がある．図11.1には世界各国の電子書籍の利用率を示している．一般的に諸外国と比較して日本での利用率は低いが，日本は紙メディアによる書籍流通量がきわめて多いことによるものと考えられる．

電子書籍リーダ

電子書籍をダウンロードして読むための専用端末が電子書籍リーダである（図11.2）．スマートフォンやタブレットなどの汎用端末でも閲覧することができるので，電子書籍リーダの出荷台数は減少傾向にある．しかし文字表示に適したディスプレイや電池寿命の長さなど，専用端末ならではの特徴がある．

書籍のネット販売大手であるアマゾンは2007年に電子書籍の販売サイトを開設すると同時に専用のリーダであるKindle（キンドル）を発売した．キンドルにはE-Ink（イーインク）社の電子ペーパーと呼ばれるディスプレイが用いられている．これは紙のように外からの反射光を利用するため，閲覧者にとって疲労感がなく，電力消費が少ないとい

(a) Kindle（アマゾン）　　(b) Sony Reader（ソニー）　　(c) Kobo Aura（楽天 Kobo）

図11.2 電子書籍リーダ

う特徴があるが，カラー対応が十分ではなく文字を読む用途に限られている．

ソニーは2008年から北米で電子書籍サービスを開始し，2010年から日本でも開始した．リーダ・ストアからダウンロードし専用端末リーダで閲覧するしくみであったが，現在はアプリケーションを配布し，スマートフォンやタブレット，携帯ゲーム機で閲覧する方式に移行しつつある．

他にも，2009年にカナダで設立されたKobo（現Rakuten Kobo）などが書籍リーダを提供している．

電子書籍のファイル形式

文書ファイルとして代表的なフォーマットはPDF（Portable Document Format）であり，PCなどを用いた閲覧には最適である．しかし電子書籍リーダなどを用いる場合，端末の画面サイズに応じて文字数などの体裁を整えるリフローという機能が必要になる．また著作権管理機能DRM（Digital Rights Management）を備える必要もある．

さまざまなファイルフォーマットがあり，まだ統一されていないのが現状である．電子書籍は現物の書籍に比べて場所をとらないという利点があるものの，フォーマットが異なると，実際の書棚のように自由に配置，管理できないという点が問題である．電子書籍に関連する代表的なフォーマットを以下に示す．

◆ PDF

アドビによって開発され，ISOで標準化された電子文書フォーマットである．基本は定型サイズの文書を印刷イメージで表示するものであるが，表示ソフトによってはリフローに対応することもできる．

◆ AZW

アマゾンが独自に開発したフォーマットで，ファイルの拡張子は，.azwである．

◆ ePUB

米国の電子書籍標準化団体IDPF（International Digital Publishing Forum）が策定しているオープンなフォーマットである．リフローを基本としている．アップル，Google，ソニー，楽天Koboなどが使用している．XMLの構造と，CSSによるレイアウトをもとにしている．2011年以降のePUB3フォーマットでは日本語の縦書きやHTML5の機能が含まれる．ファイルの拡張子は.epubである．

◆ XMDF

シャープが自社の端末ザウルス用に開発したフォーマットである．登場は2001年．携帯電話系のサービスに利用されている．日本語の機能が充実している点が特徴である．ファイルの拡張子は.zbfである．

これらの他にもVoyager（ボイジャー）社が開発した.bookなどのフォーマットがある．

11.2 音楽

レコードからCDへ

記録メディア
→2.2節参照

音を記録するメディアの流通は，1977年のエジソンによる蓄音機の発明がその始まり

とされる．今日でも使われるLP盤は1948年に登場した．また，2チャンネルのステレオ録音は，音楽録音の標準フォーマットとなっている．

1982年に登場した音楽CD（Compact Disc）はサンプリング周波数が44.1 kHz，量子化ビット数が16ビットという，当時としては驚異的な高品質で提供された初のディジタルメディアであった．1986年には早くもそれまでのLPレコードの売り上げを抜き，今日まで音楽の標準メディアとしての地位を保っている．しかしCDに代表される音楽のパッケージメディアの市場は縮小傾向にあり，配信型サービスが伸びつつある．

ダウンロード配信

映像に比べると容量の小さい音楽ファイルは，比較的早い時期からダウンロード配信が試みられた．しかし，当初は著作権などに配慮した配信のしくみがなく，多くは違法なコピーであったり，ルールがないままの配信であったりした．特にファイル共有サービスを利用したものが法的に問題となった．

2001年にアップルはiTunesと呼ばれる音楽ダウンロード配信サービスを開始し，ダウンロードの新しい課金体系をつくった．これがきっかけでダウンロード配信が一般化した．

配信にはMP3やAACなどの非可逆圧縮ファイルが用いられてきた．また著作権管理機能DRMのあるものと，ないもの（DRMフリー）とがある．

日本では携帯電話で音楽を扱うサービスとして，2002年，着信音に利用する着うたのサービスが開始された．2006年にはauがLISMOと呼ばれる音楽配信サービスを始めている．

アップルのiTunesは専用端末iPodを対象にした配信が中心であったが，徐々に携帯電話などの汎用端末向けに移行し，これらが音楽配信の受け皿となっている．

ストリーミング配信

インターネットに接続した状態で音楽を楽しむ方式であり，定額制で聴き放題型のサービスを受けることができる．2008年にスウェーデンで始まったSpotify（スポティファイ）が知られており，アップルもApple Musicとして提供を開始している．

高品質音楽配信

CDよりも高品質なオーディオ媒体はなかなか普及しないが，音源の編集精度は向上しており，ふつうのPCで高い精度のオーディオを扱う環境が揃っている．そこで，ダウンロードによって高品質オーディオを提供するサービスが始まった（図11.3）．

2014年には，CDを上回る精度を有するそれらのオーディオを「ハイレゾリューション・オーディオ（ハイレゾ）」の名称で普及させようという動きが始まった．ハイレゾの方式としては，サンプリング周波数192 kHz，量子化ビット数24ビットなどの精度を向上させたPCM方式の仕様と，1ビットで高速サンプリングする方式の仕様の2種類がある．

1ビットで高速サンプリングする方式はDSD（Direct Stream Digital）とも呼ばれる．SA-CDに採用されている．CDなどのマルチビット再生とは方式が異なるので，専用の機器が用いられるが，録音にはすでに広く利用されている．これらのビットレートが高

(a) CD-DA（音楽用 CD）   (b) SA-CD（スーパーオーディオ CD）   (c) ハイレゾリューション・オーディオ

図11.3　各種オーディオ規格のロゴ
（c）については，JEITA（電子情報技術産業協会），JAS（日本オーディオ協会）の推奨マーク．

い方式でも，PC性能の向上やネットワークの高速化により，負担なく使うことができるので，ダウンロード型サービスを前提として普及することが期待されており，携帯端末でもこれに対応するものが登場している．

カラオケ

カラオケは録音された伴奏に合わせて自ら歌唱するシステムである．歌唱するときの音量への配慮もあり，自分で機器を所有するよりもカラオケボックスや酒場で利用するサービスが主体である．日本全国には約1万のカラオケボックス施設がある．

店舗では最新の楽曲を用意する必要があるが，歌詞を表示するために画像が必要である．レーザーディスクなどのパッケージメディアが当初利用された．しかしこれでは最新の楽曲を適宜入手するのが難しい．そこで通信システムを利用したコンテンツ配信が利用されるようになった．これは「通信カラオケ」と呼ばれる．

通信カラオケが始まった当初のネットワーク環境は高速ではなかったので，MIDI規格による演奏データを送る方法で普及した．MIDIは音響信号ではなく譜面情報データであり，音源は各端末に格納されているので，ファイル容量は少なくて済む．またテンポやキーを変更することも容易である．今日では録音や映像をそのまま配信することができ，高品質化や映像の多様化が進んでいる．

歌声合成

illustration by KEI
© Crypton Future Media, INC. www.piapro.net

piapro

CGM
→8.2節参照

歌詞とメロディを入力することで歌声を合成するシステムとして，2003年にヤマハからボーカロイド（VOCALOID）が発表された．2007年に登場した初音ミクは声優の声をデータにした音源のひとつである．初音ミクにはキャラクターが与えられており，営利目的でなければキャラクターを含めた作品は自由に公開することができる．さらに個人作者によるイラストや3DCGモデルも作られ，初音ミクをバーチャル・シンガーとした楽曲が映像とともに動画投稿されるようになった．消費者の創作活動が主体となるCGMの一例である．

11.3 映像・画像

映画興行

　大画面を用いた専用施設での映画上映は，テレビのない時代から娯楽産業として発展し，今日でも衰えていない．映画はその上映期間が限られるため，観客人数の確保が重要である．最近は複数のスクリーンを持つシネマコンプレックス（シネコン）が増加する傾向にあり，作品の人気に応じて収容人数に合わせた上映ホールを割り当てて経営を効率化している．

　製作から興行まで，すべてをディジタル化したものをディジタルシネマという．しかし，ディジタル化の面では映画は遅れており，しばらくはフィルム上映が残るものと思われる．

　映画自体は製作，配給，上映（興行）のプロセスからなる産業であるが，映画館上映にとどまることなく，家庭向けDVD販売やレンタル，オンライン配信が展開されている．さらにはテレビ放映権による収益も大きい．映像系コンテンツはこのようなマルチユース型の流通が行われる．

アニメーション

　映像，動画市場のなかでもアニメーション（アニメ）は日本が得意な分野であり，図11.4に示すように放送コンテンツの海外輸出額で大きな割合を占めている．制作方法としては紙芝居型のコマ送り画が古くから用いられたが，最近ではCGを用いたコンピュータ・アニメーションによる作品が増えつつある．

　テレビ上映や劇場放映が主体だったアニメーションは，多様な形態でメディア市場を拡大している．アニメーションは漫画や読みもの，玩具，ゲームが原作の場合もあり，同時展開のメディアミックス型サービスとなっている．アニメーションのキャラクターを商品化して得られるライセンス収入はこの市場を支えている．また，アニメーションに使われるアニメソングにも人気が集まっている．

メディアミックス
→103ページ参照

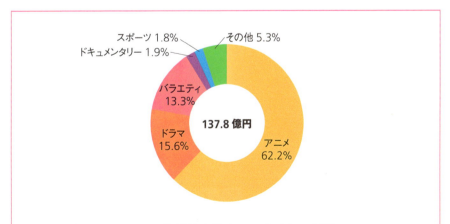

図11.4　放送コンテンツの海外輸出額（2013年度）の内訳

［総務省ホームページをもとに作成 http://www.soumu.go.jp/main_content/000324498.pdf］

映像パッケージメディア

映像用のディスクとしては，アナログ記録のレーザーディスクが1978年に登場し，映像作品が一般に流通するようになった（図11.5）．しかし，ディスクのサイズが30 cmとLPレコードに匹敵する大きさであったこと，レンタルではなく買い取り方式であったこともあり，普及は限定された．そして録画もできるVHSテープレコーダが家庭用機器として浸透したため，VHSテープがレンタル制度とともに一般化した．

そして1996年に，ディジタル記録の光ディスクとして，CDよりも記憶容量が大きいDVDが発売され，これが映像作品のパッケージメディアとして定着した．また，通常のDVDよりもさらに記憶容量の大きいBlu-ray（ブルーレイ）ディスクの登場により，高品質な映画作品もパッケージメディアとして供給されるようになった．1層25 GB容量のディスクで，ハイビジョン映像を2時間以上記録することができる．

容量の大きい映画作品は，パッケージメディアとしてのメリットが大きいとされるが，音楽と比べると映画作品は繰り返し見ないということもあるのでレンタル市場が支配的である．しかし，ここでも配信型のサービスが増えつつある．

動画配信サービス

従来のテレビやDVDなどによる提供ではなく，インターネットを利用した動画提供サービスがある．以前からビデオを見たいときに観ることができるCATVを利用したVOD（Video on Demand，ビデオ・オン・デマンド）のサービスがあり，それをネット上で展開したものといえる．

数々の放送サービスがネットを用いたVODサービスを実施している．世界的には2007年に開始したNetflix（ネットフリックス）やHulu（フールー）が日本でサービスを行っている．また日本発のサービスではdTVやUULA（ウーラ）などがある．内容としては一般公開された映画やテレビコンテンツのほか，オリジナル作品も提供されている．

動画投稿サービス

インターネットで展開される動画投稿サイトの多くは，誰でも動画を投稿できることから新しい動画メディアとして注目され，世論形成に影響を与えている．また動画投稿サイトでは閲覧数やコメントが表示される．コメントは多言語に対応しており，世界中の閲覧者から寄せられるので，国際的な交流にも役立っている．違法な内容や著作権を侵害する投稿は指摘により削除されてはいるものの，著作権侵害に関するものは広告効果に期待をしてもいるので，黙認されているものが数多く見られる．

YouTubeは，2005年にサービスを始めた世界最大の動画投稿サイトである．閲覧は自

(a) レーザーディスク   (b) VHS   (c) DVD (d) ブルーレイディスク

図11.5　各種ビデオ規格のロゴ

由であるが，投稿する場合は会員登録が必要であり，GoogleのSNSであるGoogle+と連動している．投稿した動画はサービス提供側で圧縮される．

　ニコニコ動画（ニコ動）は，2007年から本格的運用が始まった日本発の動画投稿サイトである．動画の再生画面にユーザのコメントがテロップ状に表示されるのが特徴である．動画内容と視聴者の反応とが一体化した新しいメディアであるということができる．

ライブ配信サービス

　ライブ配信とは，映像などを実況中継で配信することであり，ニュースやイベント，記者会見，講演会，討論会，コンサート・ライブなどに利用される．Ustream（ユーストリーム）は2007年に開始されたサービスで，放送メディアから個人まで，幅広いユーザが利用している．

写真共有サービス

　写真集が書籍や光ディスクとしてパッケージ化されることは他のコンテンツの場合と同じである．しかし写真は誰でも一瞬のシャッターチャンスを捉えて撮影することができる．そしてテキストに付帯して投稿することができる．メディアとしてあふれかえっているのは，そうした個人が公開した写真であろう．

　携帯電話で気軽に写真を撮る機会が多いが，写真ファイルは文書に比べて容量が大きく，かつ管理が大変である．そこで写真データをインターネット上のサーバに置き，限定された仲間と写真を共有するWebアルバムと呼ばれるサービスが利用されている．さらに印刷物として発行できるサービスもある．写真専用サービス以外に，大容量記憶域を提供する各種クラウド・サービスも写真格納のサービスを実施している．無料で使えるものが多く便利ではあるが，利用サイトを一元化しないと管理がかえって煩雑になることも事実である．

　先駆的な写真共有サービスをいくつか紹介する．Flickr（フリッカー）は2004年に開始されたヤフー傘下にあるコミュニティ・サイトであり，個人閲覧専用と公開用に設定できる．公開してコメントを受けることができるので，画像掲示板型のSNSとして発展した．Picasa（ピカサ）は2007年にGoogleに買収された写真管理サイトである．公開範囲を設定することができ，写真加工用のWebアプリケーションも備えられている．Instagram（インスタグラム）は写真をフィルタ加工し，FacebookなどのSNSとの共有を特徴とするサービスである．

メディアミックス

　複数のメディアを利用したコンテンツや広告の展開は，「メディアミックス」と呼ばれる．原作が漫画だったものが，映画になり，ゲームになるという展開のことであり，同時に複数のメディアに展開するものもある．これは人気に応じて展開されるものもあるが，最近ではコンテンツ産業が相乗効果を狙って企画する手法が注目されている．

　漫画，ゲーム，テレビ，アニメ，映画，関連商品などが相互補完的に関係し，その影響を拡大する．同一のメディアどうしの連携では限界があるが，雑誌とテレビ，さらに映画などという異なったメディアを組み合わせることで波及的効果を獲得している．複数の異なるメディアを用いて，それぞれのメディアの欠点を補う効果もメディアミック

スの特徴である．

11.4 ゲーム

ゲームの分類

メディア機器を利用したゲームは，コンピュータを利用したもの，テレビのビデオ機能を利用したもの，ゲームセンターなどの専用ゲーム機器などに分類できる．現在の機能別分類としてはゲーム機器（プラットフォーム）とそれに搭載するソフトウェア分けることができる．そのような視点から整理したゲームの分類を図11.6に示す．

家庭用専用機向けゲーム

ファミコン登場以前の初期のテレビゲーム機
Atari VCS-CX2600
（ATARI）1977年発売
［所蔵：東京情報大学］

テレビを使った家庭用ビデオ・ゲーム専用機は1970年初頭に登場した．そして，1980年代に専用カートリッジにより複数のゲームが楽しめる機種が登場した．よく知られているのが，1983年に任天堂が発売したファミリーコンピュータ（ファミコン）である．2000年代になってソニーのPlayStation（プレイステーション，プレステ），任天堂のWii（ウィー），マイクロソフトのXbox（エックスボックス）の3強の時代となり，コンテンツは光ディスクで供給されるようになった．これらは，据え置き型ゲーム機と呼ばれ，携帯型ゲーム機とは区別される．しかし近年，PCを用いたゲーム，さらにはスマートフォンを利用したゲームも普及しており，据え置き型ゲーム機の出荷台数は伸び悩んでいる．

スーパーファミコン（任天堂）1990年発売
［所蔵：東京情報大学］

ゲーム機の機能が単純であった時代は，ゲームのソフトウェアの開発は比較的容易であった．しかし専用機向けに高度なCG機能が使われる現在，ゲームソフトの画像品質は映画並みであり，企画からシナリオ，キャラクターデザイン，ソフトウェアプログラミング，CGレンダリング，マーケティングに至るまで専門チームの構成が必要な巨大産業である．したがって開発コストがかかる，かなりリスクの高いビジネスであり，ゲーム機の種類が限定される要因でもある．

プレイステーション（ソニー）1994年発売
［所蔵：東京情報大学］

携帯型ゲーム機

携帯型ゲーム機は1989年に登場した任天堂のゲームボーイで普及し，今日ではニンテンドーDSとソニーのプレイステーション・ポータブル（PSP）が2強といわれている．専用機はゲームプレイに適した操作系とディスプレイがあるのが特徴で，動きのあるゲームに利用される．また，通信機能を持つ機種では，複数のユーザが同一のゲームに参加するなど，新たなゲーム環境をつくり出した．

セガサターン（セガ）1994年発売
［所蔵：東京情報大学］

下の3台は，90年代前半の，競争淘汰時代の据え置き型ゲーム機

現在では，ゲーム機能に加え，動画や静止画の閲覧，音楽プレーヤ，そして，インターネットの閲覧機能を持つものまである．複合型のアミューズメント機器としての携帯型ゲーム機の姿がある．

その他に1996年に発売されたバンダイのたまごっちはペットを育てるゲームで，大きな流行を引き起こした．商品の購入をめぐって人々が殺到するなど社会現象にまでになった．

家庭用ゲーム	据え置き型		プラットフォーム	据え置き型ゲームハード． 例：Wii U，PlayStation4 など．
			ソフトウェア	据え置き型ゲームハード上のゲームソフト． 例：メタルギアソリッドシリーズ，ドラゴンクエストシリーズなど．
	携帯型		プラットフォーム	携帯型ゲームハード． 例：ニンテンドー3DS，PlayStation Vita など．
			ソフトウェア	携帯型ゲームハード上のゲームソフト． 例：ポケットモンスターシリーズなど．
PCゲーム			プラットフォーム	PCのOS． 例：Windows，OS X など．
			ソフトウェア	PCでプレイするゲーム．家庭用ゲームに含まれることもある． 例：PC版コールオブデューティなど．
オンラインゲーム	PCオンラインゲーム		プラットフォーム	PCのOS． 例：Windows，OS X など．
			ソフトウェア	PCでネットワークを介してプレイするゲーム． 例：ラグナロクオンライン，ファイナルファンタジーXI など．
	モバイルゲーム	ゲームアプリ	プラットフォーム	タブレット端末やスマートフォン用アプリショップ． 例：App Store，Google Play など．
			ソフトウェア	タブレット端末やスマートフォンでプレイするアプリ．ネイティブアプリのほか，中身がブラウザのブラウザアプリも含める． 例：キャンディークラッシュ，パズル＆ドラゴンズなど．
		ブラウザゲーム	プラットフォーム	ブラウザゲームを集めているSNSなど． 例：Mobage，GREE，mixi など．
			ソフトウェア	フィーチャーフォン，スマートフォン，タブレット端末でプレイできるブラウザゲーム． 例：フィーチャーフォン用ソーシャルゲーム全般など

図11.6　ゲームの区分

［総務省 平成25年度 ICT新興分野の国際展開と展望に関する調査研究報告書をもとに作成
http://www.soumu.go.jp/iicp/chousakenkyu/data/research/survey/telecom/2014/2014game.pdf］

ソーシャルゲーム

　SNSをベースに展開されるオンラインゲーム型サービスとして，ブラウザによるWebアプリケーションのかたちで提供されるソーシャルゲームがある．見知らぬ者どうしが，ひとつのゲームに参加して楽しむという新たな形態をつくり出した．日本では携帯電話向けのGREE（グリー）やMobage（モバゲー）が知られる．

　ソーシャルゲームは無料で開始できるが，ゲームを進めるなかでアイテムの確保に課金を必要とするメニューが用意されることもある．この課金を巡っては，ゲームに熱中するあまり多額の支払いが発生するなどの社会問題も起こっている．ソーシャルゲーム

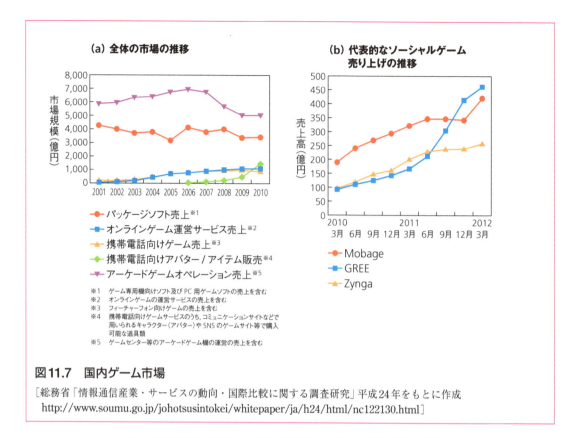

図11.7 国内ゲーム市場

[総務省「情報通信産業・サービスの動向・国際比較に関する調査研究」平成24年をもとに作成
http://www.soumu.go.jp/johotsusintokei/whitepaper/ja/h24/html/nc122130.html]

アバター
ゲーム内の自分の分身でCGキャラクターで演出されたもの.

ユーザの過半数は課金したことがあり，最も多い課金対象は回復アイテム（ゲームプレイヤーやアバターのポテンシャルを高めるためのアイテム）であるとした調査報告もある．図11.7はゲーム全体の市場のなかでソーシャルゲームが成長している様子を示している．開発側にとっては専用機ゲームに対して，開発コストが少ないというメリットがあり，ゲームコンテンツは絶え間なく供給されている特徴がある．

章末課題

11. 教養とエンタテインメント

- 汎用情報端末と比較して，電子書籍リーダにはどのような特徴が求められるかを考察せよ．
- 自分で所有する音楽について，どのような方法で入手し，保管しているかをまとめよ．
- メディアミックスの作品を取り上げ，利用されているメディアをあげよ．

12 生活環境を支えるメディア

　メディアはどのように私たちの日々の暮らしを向上し，健康的にしてくれるだろうか？健康管理をはじめとする日常の生活習慣の改善や生活支援による福祉社会の実現に向けたメディア技術やサービスの動向について述べる．また，私たちを取り囲む自然環境や大気汚染などのデータのモニタリングについても解説する．

12.1 生活環境のメディア化

ウェルネスの管理

　理想の暮らしとは，心身ともに健康で，かつ住みやすい社会環境のなかで生活を営むことである．広義の健康を意味する概念が「ウェルネス（Wellness）」である．ウェルネスに関連して，人間の生活の質を測る概念は「クオリティ・オブ・ライフ（QOL）」と呼ばれる．人間にとって大切なことは，いかに生活の質を向上し，それを維持していくことができるかであり，経済的な視点とは別に，心身の健康や社会環境に照らし合わせて測る必要がある．QOL向上のためには，健康管理データを活用することが考えられる．

　健康的な生活を維持するためには日ごろの生活習慣を見直し，改善を試みる必要がある．このためにメディア技術の活用が考えられる．生活習慣の問題としてよく取り上げられるのが，現代人の運動不足と食事の栄養バランスである．

　日ごろの運動量の目安を知るために使われてきたのは万歩計であるが，加速度センサとGPSを活用すれば，歩行速度もデータ化できる．また，脈拍の計測は，腕時計にセンサを組み込むことで早くから実用化されている．体脂肪率や基礎代謝量に関しては，体重体組成計を用いて計測することができる．これらの情報を，ネットワークを利用して統合すれば，運動を中心とした生活管理ができる．残る問題は食生活であるが，画像検索とうまく連携できればデータ化が可能である．こうして健康体を維持するために必要な食事の栄養バランスと必要運動量を管理することが可能になる．

　携帯端末では，日常的な健康管理を目的としたアプリケーションが利用されている．歩数や移動距離を記録したり，代謝データに基づく必要水分摂取量や食事の栄養配分のアドバイスをもらったりすることができる．

ライフログ

　ディジタル記録の容量の増加は際限がない状況である．したがって私たちの日常生活の些細なことであってもデータ化されたものはすべて残していくことができる．日常生

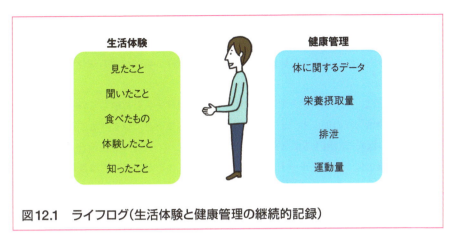

図12.1　ライフログ（生活体験と健康管理の継続的記録）

活のさまざまな局面を記録して残していくことを「ライフログ（Life Log）」という（図12.1）．

生活を記録することにはさまざまな意味がある．文化的な側面としては，日記代わりに写真や位置情報を記録することにより，生活体験を残していくことができる．また健康面では，毎度の食事や健康データを逐次記録することにより，健康・医療管理に役立てることができる．何気ない記録であっても，生活習慣を見直すきっかけになることがある．

センサ情報の活用

人体に取りつけられたセンサ類や医療機器をネットワークで接続したウェアラブル（装着型）システムで，リアルタイムな健康管理を行うことができる．どのようなセンサ情報が取得できるかを見てみよう（図12.2）．

まず運動量を測るために利用価値が高いのは加速度センサであり，これを利用して歩数や運動量を推定することができる．またGPSとの併用で，移動距離や速度などもデータ化できる．

生体情報としては心拍数，血圧，体温，そして生体インピーダンスから得られる代謝量などが計測可能である．生活習慣病予防のためのデータ管理には，肝機能やコレステロール値などの計測が必要になる．現在は医療機関での血液採取による計測が中心であるが，個人で扱う血液採取キットも市販されている．これらの採取データをネットワー

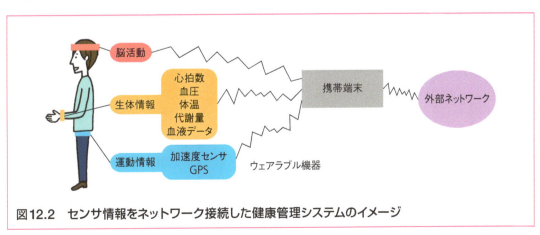

図12.2　センサ情報をネットワーク接続した健康管理システムのイメージ

12. 生活環境を支えるメディア

ク化すれば，日常のデータ管理ができるので，実現される可能性が高い．

さらに脳活動についてのセンシングも研究が進められている．また，病気や障がいに対しては，体内に埋め込まれた機器（インプラント機器）からの情報も統合して管理することができる．

センサ情報は，ライフログとして長期的な健康管理データを蓄積していくことができる．個人の健康管理の他にも，データを外部のネットワークにつなげることにより，高齢者や幼児の保安に活用することができる．センサをつなげる無線技術として，現在では腕時計型端末についてブルートゥースが活用されているが，広い周波数帯域に電波強度を分散させる超広帯域無線（UWB）方式などの適用が検討されている．

人体の可視化

健康管理や医療診断のために，人体内部の様子を外部から可視化するさまざまな技術が開発されていることは4章で述べた．体外からではなく，体内を直接見るものが内視鏡である．胃カメラのように体外から直接挿入して消化器系に用いるものや，手術時に挿入するものがある．現在では屈曲できる光ファイバを用いたファイバスコープが広く利用されている．

また，胃から腸へと食べものと同じように消化器系の経路をたどる医療用カメラとしては，カプセル型内視鏡が開発されている．これはカプセルに収めたカメラを飲み込み，排泄されるまでの間に消化器系の映像を監視する装置である．飲むカメラとも呼ばれている．このような体内の様子を可視化する技術はさらに発展していき，個人でも使える時代がくることが予想される．

食の安全

食の安全を保証するためには，流通時の不純物の混入を防ぎ，偽装表示をなくすための監視が必要である．そこで，産地から消費者に至るまでの加工過程や流通経路をすべてたどれるようにする「食品トレーサビリティ」のしくみが一部で導入されている．野菜や肉などの生鮮品は生産者情報を明記したものがよく見られる．完全なトレーサビリティを実現するためには成長過程でのデータ管理が必要であり，産地や生産者を記録したICタグの活用などが有用である．

12.2 生活の支援

高齢者の社会参加

日本人の平均寿命が延び，高齢者が人口のなかで占める割合は増加し続けている．高齢になると運動機能が衰え，外出が困難になることから社会とのつながりが疎遠になりやすい．また認知症の予防対策も必要である．これを補助するのが家族や知人との接触を容易にするメディア環境と，ロボットなどによる支援システムである．ロボットには状況を判断しながら適切な対話や作業支援を行う自律的な機能が求められており，進化を続けている．

図12.3 コミュニケーション・ロボット
(a) AIBO ESR-110 © ソニー株式会社
(b) ソフトバンクロボティクスが開発・提供する人型ロボット © SoftBank Robotics Corp.

　一人暮らしのコミュニケーションとしては，在宅での家族や知人との交流がある．電話は古くからのコミュニケーションメディアであるが，高齢者に対し家族を名乗った詐欺が横行している現状を見ると，コミュニケーションの品質が不十分なようである．家族や知人，介護支援者とのコミュニケーションが密に感じられるような技術的な改善が必要である．例えば映像を併用すれば臨場感を高められるだろう．

　家族といえども他者の介入がわずらわしいと感じる高齢者も多いだろう．一人暮らしの状況を維持するために，情報機器を使った自立支援の補助が考えられる．これらには認知症などの予知や，日ごろの生活管理が行き届いているかなどをチェックする機能などが含まれる．代表的なのは生活家電や身の回りの設備のネットワーク化であり，利用履歴を自動的に確認し，必要に応じて本人や関係者に状況を知らせることが可能である．

　対人コミュニケーションは認知能力の維持に有効である．そこで人間の代用としてロボットの活用が考えられる．ロボットに感情を持たせる技術はまだ開発途上であるが，認知能力の維持やセラピーに効果が期待されている．ソニーは1999年に犬の形をした愛玩用のロボットAIBOを実験的に発売した（図12.3(a)）．現在は人間的な感情表現を持つコミュニケーション・ロボットが開発されており，これから発展していくものと思われる（図12.3(b)）．

　外出時には，情報ネットワークを通じて歩行ナビゲーションや車の安全運転支援などを行うことが考えられる．また，高齢者を詐欺などの犯罪から守るためにもメディア技術やサービスを駆使した生活支援が望まれる（図12.4）．

障がい者に対する支援

　障がいのある人たちにとってのさまざまな設備やメディアの利用しやすさを追求するのがアクセシビリティ技術である．視覚障がい者のWeb閲覧については，音声を用いたブラウザの操作や内容読み上げの補助手段が開発されている．歩行誘導については，誘導用ブロックや誘導音声の機器が街角に備えられているが，固定設備だけでは限界がある．そこでネットワークを活用した誘導システムが検討されている．ウェアラブルシス

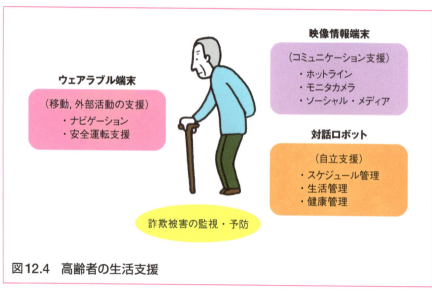

図12.4　高齢者の生活支援

テムとしてカメラユニットを備え，その映像をネットワーク上で分析し，標識や障害物の情報を音声提示するというものである．

　7章では生体とメディア機器を接続するブレイン・マシン・インタフェースについて述べたが，電子的な機器を体内に埋め込む手法がある．ヒトの聴覚は内耳にある蝸牛からの聴覚神経を通じて受容される．聴覚神経を刺激する細胞は細長い蝸牛の管内に沿って並んでおり，その位置は音の周波数に対応している．本来は鼓膜からの振動がその周波数に応じて適切な位置の細胞を刺激するが，この刺激を与える部分を電極に置き換えたものが人工内耳であり，音の周波数分析を行う電子回路を備えている．人工内耳はすでに聴覚障がい者に対して実用化されており，効果を上げている．

　視覚については，それぞれの視神経につながっている視細胞が網膜上に分布し，光の分布情報を受容している．人工網膜はこの神経系に電気的刺激を与えて光を感知させるものである．人工網膜の研究は始まったばかりであるが，対象物の認識ができるまでに視覚を取り戻した事例もあるという．

12.3　環境モニタリング

気象予報，災害予報，大気汚染状況

　人類は気象変動や地殻変動によってもたらされる災禍と常に向き合ってきた．情報メディアはこれらを予知し，災害による被害を未然に防ぐための情報源として欠かせなくなっている．気象予報は，上空からのリモートセンシングと，地上における気象情報観測地点からのデータをもとに，かなり正確な情報を提供している．しかし，台風や集中豪雨，地震・津波，火山変動がもたらす災害の予測は万全とはいいがたく，センシング技術やデータ処理技術の発展が望まれる．

　また，地球環境の変化には自然現象に基づくものの他に，産業による人為的なものがある．二酸化炭素の排出や自動車の排気ガス，放射能の量なども日常的に監視する必要

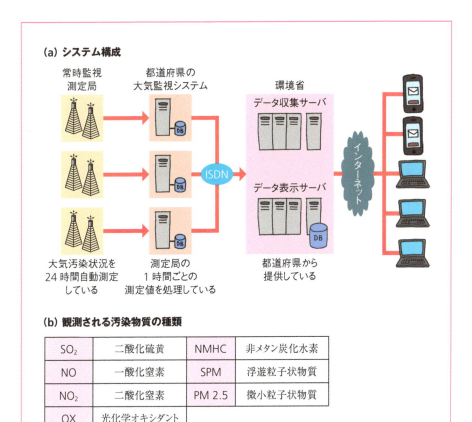

図12.5 大気汚染物質広域監視システム「そらまめ君」

[(a)については環境省「平成27年度から平成29年度までの大気汚染物質広域監視システムにおける収集ネットワーク構築及び保守運用業務調達仕様書」をもとに作成
http://www.env.go.jp/kanbo/chotatsu/2015/12/01/N7046si.pdf]

がある．環境省では，地理情報システム（GIS）を活用して日本全国の環境情報を提供している．大気汚染に関しては国立環境研究所が大気汚染物質広域監視システム「そらまめ君」を稼働させており，地域別の測定値を提供している（図12.5）．またアレルギー被害をもたらす花粉に対しては花粉観測システム「はなこさん」がある．

リモートセンシング

　リモートセンシングとは，遠隔から物理データの測定を行う技術のことであるが，環境モニタリングのための手段を意味することが多い．センシング技術により植生分布，土地利用状況，気象情報，海洋情報などを監視することができ，私たちを取り巻く環境の変化を分析することができる．

　リモートセンシングの技術には，航空写真から衛星画像に至るまでさまざまな画像を用いる手段があるが，主に電磁波を捉えて画像化する手法であり，可視光・赤外線・マイクロ波の領域が用いられる．マイクロ波は可視光より波長が長いため，雲などの影響を受けにくいので地表や海洋観察に利用されるが，画像の解像度は落ちる．図12.6に環境モニタリングの設備と観測例を示す．

　衛星画像データからは，分析対象に応じて可視画像が合成される．図12.7は画像合成

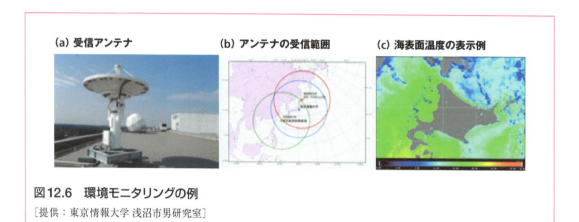

図12.6　環境モニタリングの例
［提供：東京情報大学 浅沼市男研究室］

の一例を示している．衛星からは，電磁波の波長帯域ごとに地球の様子が観測されている．青色の波長帯域3（469 nm帯），緑色の波長帯域4（555 nm帯），近赤外の波長帯域2（859 nm帯）の3つの帯域で観測される濃淡画像を青，緑，赤で合成すると右下の画像が得られる．植物は近赤外波長帯域の光と緑の波長帯域の光を強く反射するので，このような画像は地表の植生分布を強調することができる．このように，衛星から得られる帯域別の画像データを組み合わせることで特定の対象に着目した環境画像を得ることができる．

センサ・ネットワーク

リモートセンシングが広範囲な画像を解析することにより環境を監視するのに対し，多数のセンサを分散して配置し，それらをつなげて環境の変化を監視する手法が「セン

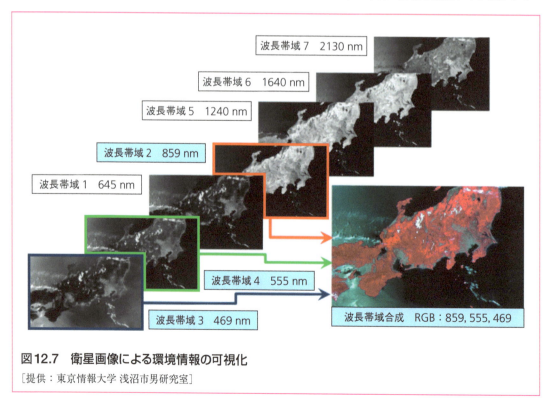

図12.7　衛星画像による環境情報の可視化
［提供：東京情報大学 浅沼市男研究室］

サ・ネットワーク」である．温度や湿度，ガス濃度，環境汚染度などを主な監視対象とするが，自然環境だけではなく，電力消費などのエネルギー環境の監視にも用いられる．

　農業においては，大規模な範囲で気象状況や作物の状態を監視する場合に有効である．食用に限らず観賞用も含めて，植物の育成には水分や日照などのこまめな管理が必要になるが，センサ・ネットワークの活用で管理が自動化される．

　センサを無線でつなぐのが「ワイヤレス・センサ・ネットワーク」である．画像や音など情報量の多いメディアと違って，温度やガス濃度など情報量の少ないデータを常に活用するためには消費電力が少ないネットワークシステムが有用である．センサのネットワーク構築にはアドホック（近接した端末どうしでつながる）型の無線通信手順が利用される．これらが情報ネットワーク上のサーバとつながることで地球規模のセンサ・ネットワークが実現されるのである．

章末課題

12. 生活環境を支えるメディア

- ライフログとして記録していきたいものを列挙せよ．
- 高齢者の支援として考えられる新しいサービスイメージを，必要な機器とあわせて具体的に提案せよ．

IV
メディアと社会

13. メディアと情報モラル
14. メディアと人間の発達
15. メディア社会の行方

13 メディアと情報モラル

　情報メディアの発達は，私たちの生活に大きな影響を及ぼしている．本章では，現代の情報メディアの問題をコミュニケーションの視点から解説する．さらにそこから「情報モラル」という現代的課題を考察する．

13.1 他者との共存

自由を維持するために

　私たちの生活は他者との共存のなかにある．私たちは日々，他者と関わり，他者とともに活動することによって生活を営んでいる．人間は社会のなかで生きていくとき，少なからずその社会からの制約を受けている．それは，不快な妨げのように映ることもあろう．しかし，皆が好き勝手に振る舞ったならば，私たちの生活は混乱してしまう．社会からの制約は，社会のルールとして，私たちの前に現れる．自由に考える頭脳と，自由に行動できる身体を持った私たちにとっては，その自由を活かすため，自分自身を制御することも必要なのである．

　つまり，複数の人々がともに生活するとき，それぞれが好き勝手に行動すればお互いの自由を奪い合う結果となる．社会からの制約は，他者とともに生きるための人間の知恵なのである．社会のなかにある制約はルールとして共有されることによって人間の行動を方向づける．このとき社会のルールは社会の成員に特定の行動を期待している現れである．そして，その期待をそれぞれの成員が果たすとき，社会に秩序の形成を見てとることができるのである．

　いま私たちが直面している現代のメディア社会では，年齢・性別を問わず，メディア機器を使うことができれば，自由に自ら情報の発信と受信ができる．そのような意味で，このメディア社会は，自由度の高い社会として特徴づけることができる．しかし，この自由度の高められたメディア社会にも，そこにいる生きた人間の姿を忘れてはならない．そこには他者の存在があり，他者との共存のなかに自由があるのである．自由とは無規制な状態ではなく，自由そのものを維持するために自分の行動を規制することを必要としているのである．私たちがルールを守るということは私たち自身の自由を守るためなのである（図13.1）．

メディア社会がもたらす自由への誤解

　現在のメディア社会には，この自由を脅かす大きな問題が生じている．自分自身を守

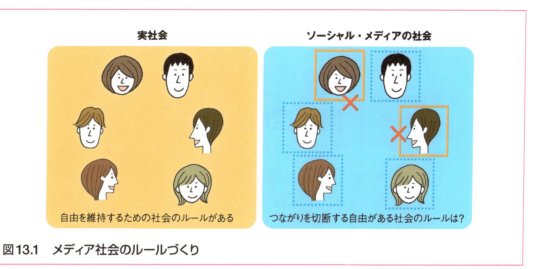

図13.1　メディア社会のルールづくり

るためのルールでありながら，それを軽視したりさらには無視したりする事態が生じている．情報の発信・受信が容易な現代の情報環境は，まさに容易に，他者に対して著しい危害や損害を与える可能性を持つことになった．

身近なところでも，近年，急速な普及を見せているSNSなどでの誹謗中傷，盗撮された写真や個人情報の流出など，問題をあげればきりがない．しかし，現在のメディア社会は一個人の問題だけではなく，身近な社会を超えて世界規模まで拡大したことも大きな特徴のひとつである．そこには，国外からのサイバー攻撃など世界規模での深刻な問題が見て取れる．

このようななかで私たちは，改めて情報を取り扱うための「モラル」というものを考えなければならない．自由を与えられた私たちは，その自由がゆえに他者との共存を実現するために自らの意思で自分の行動を規制することが求められており，モラルとは社会に生きる人々に期待された行為様式であるといえる．モラルとは，社会からの強制ではなく，行為者が自覚的に行ってはじめて意味を持つものである．

情報というものが私たちの生活にきわめて密接に関わることになった現代社会において，情報通信技術の介入は，私たちの生活にとって，歓迎すべきものであった．家にいながら瞬時に必要な情報を収集できる．障がいを持った人々や高齢者にとっては新たな世界を提供するものであり，彼らの可能性を拡大してくれさえもする．いつでもどこでもネットワークにつながることができる「ユビキタス社会」は，現代の理想的な社会像のひとつに思える．しかし，それは自身の自由を制御できる理性ある利用者を想定しており，例えば他人の情報を盗み出す「ハッカー」や「振り込め詐欺」のように，悪意ある者によって，高齢者をはじめ多くの人々が被害にあっている現実がある．

私たちが生きるうえでの基盤となる社会が脅かされる情報環境を見過ごすことはできない．そして，スマートフォンの普及に代表されるように，この現代の情報環境は，私たちの生活にますます密接した社会環境の一部になっている．

一見，簡単に人々が結びつきやすい環境があるように見えるが，メディア機器を介した非対面性という大きな特徴を無視できない．機器を介しているがゆえに，その通信を遮断することで，他者とのつながりを簡単に切断できる環境がそこにある．人と人が簡単につながることができると同時に，そのつながりを簡単にとくことができるのである．

自分の意にかなわない関係は，通信の切断によって簡単に切り離すことができる．人間関係がごく短時間で希薄にも密にもなれる環境がそこにある．これが現代のメディア社会の持つ特徴なのである．

13.2 情報空間の問題

コミュニケーションの多様化

さまざまなメディアが発達し，人間のコミュニケーションは少なからず変化した．特にインターネットや携帯電話の普及は生活そのものを大きく変えることになったといえよう．そこには従来にない利便性をもたらすと同時に望ましくない社会問題がもたらされた．

すぐに他者と応答ができる一方で，その応答にこれまでになく敏感になった．すぐに返事ができる状況では数分の返事の遅さであっても苛立ちや不安を抱くようになった．そのような意味で人間どうしの関わり方も情報通信機器の発達によって，大きな影響を受けたといってよいだろう．

若者のなかには会話ができる距離にいながらスマートフォンでやりとりをしたり，ファストフード店で友人と向かい合って座っていながら別の人との通話やメールのやりとりに専念している者もいる．彼らにとって人間関係とはいかなる意味を持つのであろうか．人間の対面的な接触の意味を考え直さねばならない状況にあるのかもしれない．しかし，彼らは決して機械とやりとりしているわけではない．機械を介して人間とやりとりをしているのである．

たとえ携帯電話やPCのなかで見ず知らずの他者とやりとりをしても，その背後には生身の人間がいる．人間と人間の接触の仕方には確かに変化があったのかもしれない．しかし，私たちの生きている場は人間がつくり出した社会にほかならない．たとえ人間との接触が間接的になったとしても，最終的には，私たちの実生活に生身の人間の存在は無視できないのである．

情報通信技術の発達，特にインターネットや携帯電話の発達とその世界規模での普及は，私たちの生活環境を変化させた．そこでは，ほとんど無規制に近い状態で情報を発信できる環境が存在する．発信される形式は，文字だけではなく，画像や音声，あるいは，音声を伴った動画さえも発信できる．しかも，間接的で匿名性を維持しつつ情報の発信を行うことができる．その内容が個人のプライバシーに関わることでも，企業や国家の極秘事柄でもまったく関係なく匿名的に発信できるのである．これらは，後に削除されることがあろうとも，あるいは，後に発信者を特定し法的な処罰を与えることになろうとも，その公表時は，ほとんど無規制の状態で発信することが可能である．これが，私たちがいま直面している情報環境の現実である．

擬似環境

私たちは，さまざまなメディアを通して情報を獲得する．これらの情報を深く考察するとき，情報は自身で選択したものであれ，他者が選択したものであれ，選択されたも

のであるという事実をまず考えなければならない．そして，情報は必ずしもすべてを表しているわけではなく，むしろ，切り取られた一部分であることのほうが多いという現実を考慮しなければならない．この問題に早々に警告を発したのが，ウォルター・リップマンである．私たちの知ることができる世界は限られている．私たちは，自分自身で世界のすべてを知ることはできないのである．

> ウォルター・リップマン（1889-1974）
> 米国のジャーナリスト．マスコミの提供する情報と大衆への影響を分析したことで知られる．

しかし，メディアの発達によって，直接知ることのできない世界を知ることが容易になった．それはメディアが提供してくれるひとつの情報にすぎない．提供される情報が断片的なものであるという現実は変えられない．本来，断片的なものであるにもかかわらず，提供された情報をすべてのように考えてしまうことが，問題なのである．リップマンは，マスコミの社会的影響を研究するなかでマスコミが提供する断片的な情報がつくり出す世界を「擬似環境」と呼び，その問題性を指摘した．特に，偏った情報で形成される偏見の問題，すなわちステレオタイプの問題を指摘した．この擬似環境の問題は，現代のメディア社会においても同様に見られる．

いまやインターネットを介して地球の裏側の出来事も瞬時に知ることができるようになった．しかし，その情報の信憑性については大きな問題を抱えている．リップマンが問題視したのは，情報の断片性だけでなく，提供された情報の信憑性，すなわち情報の真偽を問うことが難しいという点にもあった．人々は，マスコミから流れる情報を一方的に受け取るのみで，実際のその真偽を確認できる手段は限られており，現実的には，マスコミの情報を鵜呑みにすることになったのである．それでも，マスコミからの情報発信ということでその発信の所在は確認できた．しかし，いまや，インターネットで提供される情報は，その情報の発信源も個人によるものも多々含まれることになり，情報の真偽の確認は難しい状況になっている．

インターネットの発達によって，現在，私たちの入手することができる情報は，格段に増加した．さらに近年のスマートフォンの普及によって情報を携帯するような事態がもたらされた．これまで，マスコミに代表されるように情報の発信者は限られていたが，いまや個人単位での情報の発信がきわめて容易である．そして，発信できる範囲も世界規模である．情報通信技術の発達は，多くの人々に容易に情報へアクセスする機会を開いた．しかも，そこでは，容易になった情報を受信するのみならず，容易に情報を発信する機会をも開いたのである．以前は自分の意見を他者に伝えるには限界があったが，現在では思いついたら瞬時にそれを発信できるようになった．しかも，この情報の受信も発信も世界規模で行えるのである．このような状況のなかで私たちは，さまざまな人たちから情報を提供されることになった．だからこそ，この擬似環境の問題にはいっそうの注意が必要となる（図13.2）．

問われる情報メディアの選別能力

現在，私たちは大量の情報を選別することを強いられているのかもしれない．現代の情報社会は，情報の双方向性が強調されるネットワーク社会である．その一方で，提供される情報の検証することが容易になったわけではない．ましてや，匿名的な情報発信も可能であり，虚偽の情報が発信されることもまれではない．また，意図的な誤りでなくとも，インターネット上に流された誤った情報を訂正することは困難な事態である．ネット社会において一度発信された情報は，それだけで一人歩きすることになり，追っ

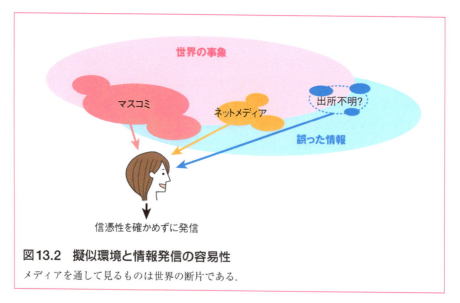

図13.2 擬似環境と情報発信の容易性
メディアを通して見るものは世界の断片である．

て訂正しても，その訂正が確実に受け手に届く保証などどこにもないのである．しかし，その偽りの情報であっても，それは私たちの世界の出来事として記録され，擬似環境を構築していく．そして，それを偽りと判断できない人はその情報を真実であると考え，新たな行動を起こすことになる．

現代の情報環境は一個人の能力では得ることのできない，おびただしい情報を提供してくれる．しかも，身近なスマートフォンを利用することによって，容易に，そして瞬時に提供されるのである．そこでは，あたかも自分で直接見聞きしたような感覚を抱くことになる．

多くの人たちは，インターネットから提供される情報をすべて吟味して，自ら必要としている情報を選び出すことはしていないのではないだろうか．検索結果の画面に表示されたもののなかから，情報を選択しているのではないだろうか．私たちは大量の情報のなかで必要な情報を選択しなければならない．そこには，専門的な知識がなければ判断できないものも含まれよう．これが現代の情報空間の現実である．いろいろな情報が提供されていることは望ましいことである．しかし，それと同時にそれらの情報を吟味する能力がいま求められている．情報の発信・受信の環境が大きく変化した現代，これまでにない情報への対応が求められている．その対応の象徴が情報モラルと呼ばれる．次節ではこのことについてさらに検討しよう．

13.3 情報モラル

発信の責任と流用の責任

かつて情報収集能力が限られた一般大衆にとっては，マスコミは重要な情報源であった．テレビやラジオ，新聞を通して，さまざまな情報を得ていた．そこには法的な規制があると同時に，マスコミ自身の自主的な規制のなかで秩序が維持されていた．なにより，発信者は匿名ではなく，その責任の所在が明らかであった．

マスコミとインターネット上での発言には，責任の所在が明確であるか否かに大きな違いがあるといえる．もちろん，インターネット上でも責任の所在がはっきりしている発言もある．しかし，インターネット上の掲示板やSNS上の個人の発言については，その責任の所在はただちに確認することが困難なことも多く，場合によれば，架空の名前・架空の名義で獲得したアカウントやメールアドレスを用いた発言も決して少なくない．いずれにせよ，マスコミでは，そこでの発言が無規制に流されることはほとんどないが，インターネットではさまざまな規制をかけることは可能でも実際の行動を規制することはきわめて難しい．

　また，情報の発信が容易であるということは，自分自身の意見を発信するのが容易であるということだけではない．他人の意見を発信したり，他人のつくり出した作品を発信したりすることも容易であることを意味する．画像にしろ，動画にしろ，あるいは音楽にしろ，インターネットで送信可能な形式にデータ加工されたならば，これらは容易に配信が可能になってしまう．もちろん，人の名誉に関わる問題は人権問題として，法的処罰の対象になる．そして，他者の創作した文書，画像，動画，音楽を無断で配信すれば，「知的財産権」の侵害という事態を引き起こし，これも法的処罰の対象になる．しかし，これらは，インターネット上に流失してはじめて発生する事後的な措置であり，必ずしも根本的な防止にはならない．

グローバルな情報モラルとは

　データ化された文書・写真・映像・音楽などは，いずれもその利用においては多くの利便性を持っている．これらはひとつの情報として機能し，時間や空間を越えて，再利用できる可能性が開かれることになった．このことは，私たちにとって大きなメリットとなり，技術の進歩がもたらした大きな成果である．しかし，新たに技術の進歩に伴う，デメリットがあることを私たちは自覚しなければならない．

　個人の自由な創作活動があり，それを自由に表現できる場として，現在の情報環境はきわめて有効なものである．しかし，それは時として，個人の人権や知的財産権を侵害することになる．一個人の自由な情報発信の可能性は私たちにとって歓迎すべき事態である．しかし，その一方で，他者の権利を奪う行為は許されない．他者の権利とは立場を変えれば自己の権利なのである．他者の権利を奪わないということは，自己の権利を守ることにつながる．

　情報に関わるモラルとして，私たちはこのことを改めて考えなければならない．モラルは，人間に先天的に備わっているものではない．それは後天的学習によるものであり，いかにしてそれを学習するのかという問題がある．モラルとは，社会のなかで，認められ受け入れてきたひとつの行動様式である．したがって，そのモラルの内容はそれぞれの社会に依存することになる．つまり，社会が異なるなら，異なったモラルが存在することになる．しかし，現代の情報通信機器の発達に伴う情報モラルについては事情が少し異なる．現代のメディア社会は，まさにグローバルなかたちで展開しており，一個人の行動が国を越えて影響を及ぼすこともある．私たちはこのようなことも踏まえて情報モラルを考えなければならないのである．

複製が容易な今日の情報メディア

情報にまつわるモラルを考えるとき，近年の複製技術の発展についても考えなければならい．複写機の出現は，文字や図像の容易な複写を可能にした．そして，近年のコンピュータの普及により，文字や図像，音のデータ化が容易になり，それに伴いその複製はさらに容易になった．加えてインターネットの普及と拡大は，その複製物の量産と瞬時の拡散を容易にした．そして現在，スマートフォンの普及は，その可能性をさらに拡大した．このことは私たちにとって，利便性が高く，有益な事態である．しかし，複製と移動の容易さは，多くの問題を引き起こすことになる．前項で述べたように，文芸作品・写真・映像・音楽などについては，それぞれの作者に与えられる著作権があり，無断でそれらを複製したり配信したりすることはできない．また，それを複製したものを利用することもできない．これらは著作者の権利を侵害するもので，多くの国で違法な行為になる．しかし，これらがネット上に置かれているならば，技術的にはきわめて初歩的な操作でこれらを入手することも配信することも可能なのである．

知的財産を守るために

著作権・特許権・意匠権・商標権など，人間の精神的な活動の結果産み出された財産に対する権利を総称して「知的財産権」と呼ぶ．知的財産権の分類を図13.3に示す．インターネットや携帯電話を通して，私たちは容易にさまざまなデータを入手することができる．しかも，通信料金のみでこれらのデータを入手できることも稀ではない．私た

創作意欲を促進

知的創造物についての権利

特許権（特許法）	・「発明」を保護 ・出願から20年（一部25年に延長）
実用新案権（実用新案法）	・物品の形状等の考案を保護 ・出願から10年
意匠権（意匠法）	・物品のデザインを保護 ・登録から20年
著作権（著作権法）	・文芸，学術，美術，音楽，プログラム等の精神的作品を保護 ・死後50年（法人は公表後50年，映画は公表後70年）
回路配置利用権（半導体集積回路の回路配置に関する法律）	・半導体集積回路の回路配置の利用を保護 ・登録から10年
育成者権（種苗法）	・植物の新品種を保護 ・登録から25年（樹木30年）
（技術上，営業上の情報） 営業秘密（不正競争防止法）	・ノウハウや顧客リストの盗用など不正競争行為を規制

信用の維持

知営業上の標識についての権利

商標権（商標法）	・商品・サービスに使用するマークを保護 ・登録から10年（更新あり）
商号（商法）	・商号を保護
商品表示，商品形態（不正競争防止法）	【以下の不正競争行為を規制】 ・混同惹起行為 ・著名表示冒用行為 ・形態模倣行為（販売から3年） ・ドメイン名の不正取得等 ・誤認惹起行為

知産業財産権＝特許庁所管

知的財産権のうち，特許権，実用新案権，意匠権，商標権を「産業財産権」という．

図13.3　知的財産権の種類

［特許庁ホームページをもとに作成 https://www.jpo.go.jp/seido/s_gaiyou/chizai02.htm］

ちは，容易に不正なデータを入手することが可能な状態に置かれているが，このような状態が続くならば，創作活動は困難となり，新たな作品が生まれにくくなる．人間の精神活動をすべて商業活動に結びつけて考えるには無理があろう．しかし，不正なデータの入手を容認することには問題がある．さらに，不正なデータの入手のみならず，不正な利用についても無視できない．例えば，学術論文などはその性格上，インターネット上に公開されている場合もある．しかし，それらは結果の共有を意図しているものであり，それ以外の何物でもない．出所を明らかにした引用であるならばともかく，これを無断で取り出し，自分のものとして公表するような盗用・盗作などの行為は許されない．たとえ引用だとしても，それは法律が許す限りにおいてなのである．いずれにせよ，情報と権利に関するモラルが問われることになる．

　情報は活用されてはじめて情報としての意味を持つ．しかし，その利用の仕方については，利用する個人の良識にゆだねられている．知的財産権を侵す利己的な利用者が増えるならば，それに応じた対抗策が講じられることになるかもしれない．その結果，現在のような容易な情報の入手に制限が加えられる事態になるだろう．情報を入手することが容易になった反面，情報の取り扱いへのモラルに対して，高い意識が要求されることになったのである（図13.4）．

　従来とは異なった情報環境に私たちは置かれている．私たちの生活にとって，情報は欠くことのできない重要なものである．しかし，その重要性は，いまに始まったことではない．けれども，情報は，すべての人々にとって平等に与えられるわけではないし，すべての情報がすべての人々に必要であるわけでもない．情報は，それを利活用できる人にとってのみ，意味ある情報となる．その一方で，現代の情報環境に生きる私たちにとって新たなモラルの必要性が生じている．それは，この情報環境のなかで生きるための条件であるともいえる．

情報を活かすために

　個人の創作活動は，社会文化的にも保護されるべきであり，それは一個人の権利の保護にとどまるものではない．そこには，「知的財産権」の保護が重要となる．

　情報の不特定多数への配信は，新たな表現の場として評価することができる．しかし，そこには社会全体での「知的財産の保護」と「表現の自由の確保」という課題がある．自己の利益や利便性を追求することは決して悪いことではない．しかし，その際に他者の

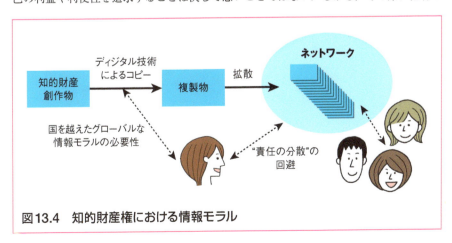

図13.4　知的財産権における情報モラル

権利に対して無頓着な状況は問題である．この状況は「責任の分散」という．「責任の分散」とは，ある事柄に関わる人々が多いとき，関係する行動に対して責任を感じなくなってしまう事態である．誰もが同じ状況にあると感じたとき，個人の行為への責任が薄らいでしまうのである．例えば，インターネット上で多くの人々が同じように不正なデータの入手の可能性を持っているという事態が生じることがある．誰もが不正な情報を入手する可能性を持つとき，不正に対する罪悪感が薄らいでしまうのである．その結果，多くの人々が不正を行うことになり，その被害が甚大なものとなってしまう．これを防ぐには，自身を制御できる強い意志が必要なのかもしれない．他者の権利を侵さないことは，回り回って自分の権利を侵されないことにつながる．

　モラルとは他者を前提にした行為様式であり，社会生活のなかで他者との円滑な生活を営むための規範でもある．そして，新たな情報の世界が私たちの身近な生活に結びつくとき，新たなモラル，すなわち情報モラルが必要となる．あえて，情報モラルを話題にしなければならない現実を見つめ直さねばならない．

章末課題

13. メディアと情報モラル

- なぜ情報モラルが必要なのか，具体例をあげて説明せよ．
- 情報の信憑性について，疑似環境という視点で説明せよ．

14 メディアと人間の発達

　社会の変化は，少なからず，その社会のなかに生きる人間のあり方を変えてきた．そこには，人間自身の意味を問うような変化さえあったのである．現代のメディア社会には，これまでの社会にない変化がもたらされた．屋外で相手の顔を見ながら電話をできるなど，かつてSF映画のなかにあった光景がごく当たり前の現実になった．そのようななかで人間の発達もこれまでにない側面から考えなくてはならない事態が生じている．本章では，メディア社会と人間の発達について考えてみたい．

14.1 メディア社会を問い直す

メディア社会の問題

　私たちを取り巻く情報環境が大きく変化したことは事実であろう．しかし，現在私たちが直面している問題は，情報メディア，情報通信機器の問題だけなのだろうか？　私たちは，これまでに経験していないような「情報に関係する問題」に向き合うことになった．そこには，単純な一原因一結果として把握できない複雑な状況が出現している．例えば子どもたちのなかに生じた新たないじめの問題として，ネット上での「誹謗中傷」は社会をにぎわせた．しかし，問題の原因は，インターネットや携帯電話などメディア機器だけにあるのだろうか？　たしかに，インターネットや携帯電話が存在しなければ，メールやSNS，掲示板での誹謗中傷は存在しないのかもしれない．しかし，インターネットや携帯電話を世界から消し去ったとしても，いじめは別の形態で出現することであろう．生じている問題を無視することはできないが，メディアの使い方，すなわち，メディアリテラシーをきちんと学び，情報空間上の新しいモラルを共有することは急務かもしれない．しかし，いじめへと子どもたちを向かわせるその背景についても目を向けることも必要なのである．

情報の洪水と追いつかない情報処理能力

　現代のメディア社会は，収集可能な情報量だけではなく，情報の伝達速度までをも格段に上昇させた．その結果，地球上のさまざまな出来事を世界中のどこにいてもほぼ同時に把握することすら可能になった．しかし，その情報の取り扱いには，従来にない慎重さが求められる．

　現代のメディア社会に置かれた私たちは，大量の情報のなかに身を置くことになる．それは，一人の人間の処理能力を超えた情報過多と呼べる状況である．そのなかで私た

ちは，情報の選択・処理を強いられるのである．もちろん，日常的な基本的生活がすべて，このような状況にあるわけではない．しかし，これら情報の取り扱いに対応できるこれまでにないスキルが要求される．すなわち情報を選択する能力，情報の内容を判断する能力などが必要とされるのである．十分な判断力を持たずに情報を選択するとき，問題が生じる．そして，場合によっては社会全体に混乱をもたらすのである．

　自分に都合のよい情報だけを集中的に選択し，自分に都合のよい判断を下すことも可能である．そもそも情報を獲得するということは，特定の意図を持って行われる恣意的な行為である．しかし，ここで注意すべきは，発達途上にある子どもたちもそこに容易に関与できる現実である．社会的に十分発達していない者が，みずからの欲求に基づいて，情報を獲得し行動を起こすとき，大きな問題を生じさせることになる．小学生によるインターネット上の殺人予告などはその典型かもしれない．誰もが手軽に情報を入手でき，発信できる時代において，人間の発達の問題を考えるとき，従来にない課題を考えなければならない．

　人間はさまざまな事柄を学習することによって発達する．さまざまな情報からさまざまなものを自発的に学習することは決して悪いことではない．自発的な学びであるという点ではむしろ歓迎すべきことであろう．しかし，その手順を間違えたとき，問題が生じてしまう．けれども，それは子どもたちだけの問題ではなく，社会全体の問題なのである．

多重構造の社会に生きる

　私たちの社会は，複数の別の社会を内部に持っている多重構造である．いわば複合的に構成された社会のなかに私たちは生きている．そして，私たちはその複合的な社会のなかで発達を経験することになる．人間の発達は，複雑で決して画一的なものではない．人間の発達は，試行錯誤のなかで形成され，その発達は絶えず続いている．そして，私たちの生活する社会は，定まったものではなく，変化する．私たちは，それに応じて変化しなければならない．現代は，これまで私たちが経験したことのない社会を生み出している．社会が変化の著しい状況にあるならば，私たちもそれに対応しなければならない．

　このようなメディア社会とそこに置かれた子どもたちの発達に関する問題は決して軽視できない（図14.1）．子どもたちの社会的な発達を考えた場合，家庭・学校・仲間集団などが重要な学習の場となる．家庭は子どもたちにとって安らぎの場であり，その発達にとって基本的学習の場である．学校も仲間集団もみな直接的な対面的接触をもとにした人間関係である．しかし，現在，非対面性を特徴とするメディア機器が子どもたちの日常生活に介入している．メディア機器に非があるわけではない．インターネットもパソコンもスマートフォンも私たちの生活を豊かに，そして便利にしている．問題なのは，

図14.1　多重構造の社会に生きる子どもたち

それを利用する人間にあるということである．

14.2 メディア社会と社会的な人間発達

社会的な人間発達における他者

　人間の発達は置かれた環境に大きな影響を受ける．人間はその発達過程で環境からさまざまな情報を得ることによって行われるものであり，生まれもったものだけでその発達を説明することはできない．私たちを取り巻く環境は複数の側面を持っている．現代に固有の「情報」環境との関わりから「社会的な人間発達」の問題を再考してみよう．

　社会的な人間発達にとって，外部としての他者との交流を通した学習は欠くことができない．他者との対面的な関わりは必要不可欠となる．他者との関わりを円滑にするためには，特殊なスキルも必要になる．しかし，私たちは生まれもってそのようなスキルを身につけているわけではない．したがって，そこには，社会的な相互作用をとおした後天的な学習によって，他者とともに生きるための社会性を獲得している．そして，その過程で私たちの個性というものもつくり出されることになる．

　メディア社会と社会的な人間発達の関わりを考えるとき，メディア社会の持つ非対面的な性質と社会的人間発達に必要な対面的な性質の関係が問題となる．私たちは社会のなかで複数の人々の間に生きている．そこでは複数の人々がただ存在するのではなく，さまざまな関わりのもとに存在している．これは自己ではない他者との関係をとおして個々の生活が成立しているということを意味している．社会そのものについても，さまざまな人々が関わることをとおして形成されたものであるといえよう．この複数の他者のなかで生きることによって，私たちは一人では実現することが困難な多くのものを手に入れてきた．現代の豊かさは決して一人の人間によってもたらされたものではないのである．人間の発達にとって他者の存在は重要であるが，現代の情報環境はこの人間関係に大きな影響を及ぼしつつある．

自己と他者の非連続性

　自己と他者の問題を考えるとき，自己と他者との非連続性の問題は避けて通れない．他者を理解しようとするとき，私たちは他者について間接的にしか関与することができない．つまり，自己は決して他者に内在したり，他者へ直接接続したりできないのである．もし，私たちが他者への内在や直接的な接続が可能ならば，他者は他者ではなく自己の一部となってしまう．私たちにとって，他者は不確定な存在である．つまり，相手のことがわからないのは，当然なのである．もちろん，自己と他者が非連続であるからといって，他者の考えていることや行動すべてが予測不可能であるというわけではない．私たちは，知識として，あるいは経験として事前に多くのことを知っている．それゆえ，他者について，ある程度の予測は可能なのかもしれない．しかし，自己と非連続な他者との関係は変わらないのである．

　自己と他者は同じ立場にある存在として位置づけられることも忘れてはならない．自己も他者も立場が変われば，それぞれが他者に，そして自己になる．他者は，予測外の

行動をとる可能性を持った存在として存在している．他者は，確実に知ることが困難な存在であり，予測が困難な存在である．しかし，このような特徴を持った他者の存在が，社会に生きる私たちの発達にとって重要なのである．そして，この自己と他者の非連続性は，社会の問題を考えるうえでのひとつの出発点となる．

社会化とメディア社会

　自己と他者の非連続性は，予測が難しい他者の存在をもたらす．このような状況のまま多くの人々が集い生活するならば，私たちの生活は困難なものになろう．そこで私たちは，社会生活を円滑にするために社会のなかにさまざまな共通の価値やルールをつくり出した．このルールは「社会規範」と呼ばれる．

　社会によってつくり出された社会的な価値や規範を自身のものとして内面化することを「社会化」と呼ぶ．社会化によって私たちの社会的な行動が一定の方向性を持つとき，私たちは社会の成員として認められ，社会のなかで生きることが円滑になされることになる．私たちは社会のなかでさまざまな「地位」という属性を持ち，その属性に期待された「役割」という行動をとる．そこにはみずからの意志で自由に行動できる一方で，社会から期待された，その場にふさわしい行動をみずからの意志で行うことになる．社会のなかに生きるとき，私たちはさまざまな他者のなかに生きているという事実を考慮し，自分自身を制御している．この自分を制御できることが，社会のなかで生きるためのスキルとなる．

　メディア社会のコミュニケーションにおいて特徴的なのは，物理的距離と時間を大幅に縮めたところにある．携帯電話の普及，インターネットの普及とそのアクセスポイントの拡大は，時と場所を選ばず他者とのコミュニケーションを可能にした．しかし，それはメディア機器を介したコミュニケーションであり，その利便性と引き換えに，対面的なコミュニケーションではなく，非対面的なコミュニケーションという形態をとることになった．

　これまで見てきたように，いかにメディア機器が発達しようと，その背後には生身の人間が存在することには変わりない．すなわち，メディア機器が発端であるにせよ，それを利用する人間の問題として，これらメディア機器の問題を考えねばならない．

自由であるからこそ自己制御を求められる現代のメディア社会

　社会のなかで生きるということは，他者というものを前提にし，自己を制御するということが社会の成員として存在するための条件となる．しかし，これらの行動様式は，私たちにあらかじめ備わったものではない．その多くは学習することによって獲得される．この学習の積み重ねをとおして，社会に適応できる人間として発達することになる．13章で述べたように，人間は社会のなかで生きていくとき，その社会から多くの制約を受けている．個人にとっては多くの場合，それは他者を前提とした行動に反映されることになる．社会は人間の行動を制御し方向づける．このとき社会が制約をもたらすということは，その社会に生きる人間に特定の行動を期待しているといえる．それは特定の状況下における行動の制限であるといえよう．

　しかし，社会は多様な可能性を方向づけることによってひとつの秩序をもたらしている．自由な情報の発信と受信が，現在の情報環境の大きな特徴である．私たちは数多く

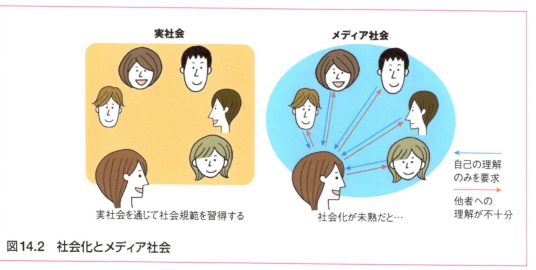

図14.2　社会化とメディア社会

の人たちと協力することで現在の生活を成り立たせている．だからこそ私たちはコミュニケーションを行う．それはみずからの意志で行う積極的な行為である．他者に自己を理解してもらうためには，意図的な働きかけが必要なのである．それは，時として，煩わしく面倒なことかもしれない．しかし，それを避けて人と人は理解し合えない．

　近年，自身への不理解を理由に他者に危害を加えたり，さらには命を奪ったりするような事件に遭遇する．なぜ自分のことを理解してくれないかと訴える姿がそこにある．そのような人々からは共通して，私のことをわかってくれるのは当たり前だと思っている印象を受ける．そこには，他者との関わりを避ける一方で，自己の理解のみを要求する姿があるように思える．しかし，これまで見てきたように他者を理解するということは決して容易なことではないし，ましてや当たり前のことではないのである．

　自己と他者の関係を円滑にしてくれるはずのコミュニケーションが，ひとたびそれが不十分になるとき，人は不安になったり，恐怖を覚えたりする．そこには孤立することへの恐怖感がある．社会のなかに一人取り残されることへの恐怖は，自己の存在意義を他者のなかに求めているからであろうか？　非対面を特徴とする現代の情報環境の拡大は，多くの自由とともに，多くの孤独をつくり出しているのかもしれない．人は人との関わりを繰り返して，人とうまく関われるようになる（図14.2）．この学びの場が変わりつつある．情報メディアの特徴を熟知したうえで，いま，人間関係の意味を改めて問い直す必要がある．

14.3　情報・メディア・人間

コミュニケーションの意味

　私たちはコミュニケーションをとおして他者を知ろうとする．それはお互いを理解するための自己と他者の営みと見ることができる．先に述べたとおり，私たちには，自己と他者の間の非連続性という現実がある．だからこそ私たちはコミュニケーションを必要とし，それを行うのである．コミュニケーションは日常的に行われていることで，私

たちは何ら特別な意識を持つことは少ないかもしれない．しかし，このごくありふれた行動は，自己と他者がコミュニケーションをしなければ互いを理解できない関係にあることを意味している．いくら親しい関係にあろうとも互いが理解できないのは当たり前であるということなのである．他者を理解できることが当たり前なのではなく，他者を理解できないことが当たり前なのである．

　コミュニケーションによって互いを理解しようとしても，私たちは日常的に誤解や理解の不足を感じる．コミュニケーションによって理解を求めても，確実に相手と理解の共有ができることは保証されない．コミュニケーションによって，私たちは他者との間で何らかの情報をやりとりして相手を理解しようとする．しかし，その情報は，他者が理解をするための契機を提供しているにすぎない．コミュニケーションにおける理解とは，他者から与えられた情報の移動ではなく，他者が提供する情報を自己の内部で構成してつくり出されるものなのである．

　それゆえ，その理解は，理解しようとする他者の知識や経験にきわめて依存している．理解をつくり出すための知識や経験が必要になるわけである．また，コミュニケーションは言葉だけでなく，身振りや手振り，表情などの非言語（ノンバーバル）メッセージも重要な要素になる．

　自己は自己のなかで，他者は他者のなかでそれぞれ理解を構築する．コミュニケーションにおける，それぞれの理解は自己と他者の往復運動をとおして，つくり出される．このとき他者の反応は伝達した情報の精度を確認する契機となる．自己にとって，他者の構築した理解が不足しているならば，さらなる情報を他者に提示することになるであろう．コミュニケーションを繰り返すことによって構築された理解の精度は上がる．そして，双方の期待に合致するときコミュニケーションは終了する．

　メディア機器の発達は，少なからず私たちのコミュニケーションの形態を変えた（図14.3）．対面的なコミュニケーションは，互いに確認しながら理解を構築することができた．しかし，メディア機器を介したコミュニケーションは，その非対面性・間接性をその特徴としているために，そこにひとつの問題が生じている．いまや地球規模でのコミュニケーションを実現している現代の情報通信技術ではあるが，その利便性の一方で，問題が生じている．

メディア社会におけるコミュニケーション

　インターネットや携帯電話の普及は，大量の情報を瞬時に伝達してくれる環境をつくり上げた．しかもそれは日々とどまることを知らないかのように，量を増し，スピードを上げて伝達し続けている．情報過多に陥る一方で，情報の選択は選択する個人の恣意

図14.3　コミュニケーションにおける理解

図14.4 関係化が途絶えた瞬間に崩壊するメディア社会

性にゆだねられている．私たちが生きる社会は，人間どうしの関係をつくり出し続けることによってその輪郭をかろうじて保っている生きた存在である．つまり，関係が途絶えた瞬間に社会は崩壊することになる．社会のなかでコミュニケーションができないという事態に至ったとき，そこにもはや社会というものは存在しない（図14.4）．

　社会の成員とまったくコミュニケーションができないという事態は極論であろう．しかし，世代間のコミュニケーションの断絶という事態はどうであろう．もしかしたら，それはもはやひとつの社会の存在を否定する事態ではないだろうか．家族内のコミュニケーションの断絶は家族という社会の崩壊を意味するのではないだろうか．

　コミュニケーションを通して私たちは他者を理解し，他者と関わることができるようになる．しかしそれは，コミュニケーションの連鎖のなかに私たちが生きていることを意味しているのではないだろうか．簡単に他者とのコミュニケーションができる環境を現代のメディア社会はつくり出した．しかし，同時に簡単にコミュニケーションを遮断できる環境もつくり出した．意に反したコミュニケーションに対して，機器の電源を切れば，そのコミュニケーションは容易に終了できる．非対面性は，相手への配慮を欠くことにも大きな抵抗を感じさせないことがある．そこには，自己本位なコミュニケーションが生まれやすい．コミュニケーションは日常生活を送るうえで欠くことのできないものであるが，情報通信技術の進歩によって，私たちのコミュニケーションの方法に大きな変化があった．

　私たちは「情報社会」という言葉において，常に何らかの先端的なメディア機器を想定し，それらの機器にまつわる問題を考えがちである．しかし，それだけではない．その背後にある情報選択の問題や情報認識の問題を無視することはできない．

　メディア技術の進歩は，一個人では入手できないような多くの情報の入手を可能にした．しかし，それは時として，断片的に構成された現実であり，必ずしもすべてを伝えてはくれない．そして，その断片的な情報を私たちは解釈し理解するのである．そのためには情報の持つ特異性を知っておかねばならない．もちろん，メディア機器にまつわる問題を軽視してよいわけではない．けれども，情報というものの取り扱いを考えるとき，その主体である人間が，その選択も解釈も行うという現実を忘れてはならないであろう．そしてそれは，人間をつなぐコミュニケーションについても同様なのである．

章末課題

14. メディアと人間の発達
● 情報社会におけるコミュニケーションの問題をまとめよ．

15 メディア社会の行方

情報が氾濫する今日，これから社会や私たちはどのような発展をしていくのであろうか？　本章では，まず技術の視点から期待できることを述べる．そして，メディア社会に生きる私たちが継続して考えていかねばならない課題を確認する．

15.1 情報技術と社会

情報爆発

　検索技術の進歩は著しく，Webブラウザを利用した検索サービスを辞書がわりに活用することができるようになった．メロディを口ずさんだだけで曲名を探し出す技術や，手持ちの人物写真から同じ人物の写った写真を探し出すような手法についても開発が進められている．

　私たちはメディアを通じて多すぎるデータに囲まれており，現代は「情報爆発の時代」と呼ばれている．また「ネットサーフィン」と呼ばれるように，ただ漫然と広大な情報の海を遊泳しているだけの時間つぶしも多い．データを有効に活かすためには，その中身を見極め，必要なときに効率的に情報を取り出すための管理・抽出手法を学び，活用する必要がある．しかし，これは容易なことではなく，それにも多くの時間と手間をかけざるを得ないという皮肉な状況である．ファイル管理手法や検索エンジンの使用にとどまらず，データの内容を分析し，情報を自動的に体系化する研究が進められている．

　「ビッグデータ」とは巨大なデータのことであるが，未整理の構造化されていないデータを指す．それらにさまざまな統計的分析手法を適用することにより，データに法則が見いだされる可能性がある．莫大なデータのなかから法則を導き出す手法は「データマイニング」とも呼ばれている．これは社会動向調査に有用であり，自動化すれば商品供給などのマーケティングに活用できる．ビジネスでの展開により顧客のデータが集積されるので，ビッグデータを分析することによって新たな需要を開拓するとともに，人間の社会活動に関する新たな知見が得られることが期待されている．

シンギュラリティ（技術的特異点）

> ゴードン・ムーア
> （1929-）
> 半導体技術者．Fairchild（フェアチャイルド）社を経て1968年にIntelを設立し，今日のマイクロプロセッサ産業の立役者となる．

　半導体技術の進歩については，Intel（インテル）社の創業者ゴードン・ムーアが1965年に発表した「ムーアの法則」が知られている．それは半導体技術の集積密度の成長を予測するもので，半導体の集積密度は1年半で2倍になるという経験則である．進歩のスピードが後退したとはいえ，半導体に限らず技術の進歩は指数関数的なスピードであ

る．指数関数的な進化は，過去に何年もかかった到達目標が今日では一瞬で到達できることを意味している．

発明家で未来学者のレイ・カーツワイルは，ひとつの技術の指数関数的な進歩が他の技術のイノベーションを加速することに注目し，これを「収穫加速の法則」と呼んだ．この勢いでいくと，人口知能としてのコンピュータの処理能力は人間の能力を超えることになり，その時期はおよそ2045年であるとカーツワイルは予言している．このような事態は「シンギュラリティ（singularity，技術的特異点）」と呼ばれる．

7章で述べたように，ブレイン・マシン・インタフェース，ナノ・テクノロジー，情報処理技術が指数関数的に発展した状態では，ブレイン・マシン・インタフェースを通じて人間が外部の人工知能と合体し，強化された知性と肉体を得るかもしれないと予見されている．そのような知性の強化や肉体の延命が可能となるのかは論議の対象であり，情報技術が生み出す未来社会の方向性やあり方を考える必要がある．

レイ・カーツワイル（1948-）
発明家，未来学者．文字認識，音声・音楽合成技術の発展に寄与．技術発展の結末としてシンギュラリティ（技術的特異点）の到来を予見している．

メディア技術とリアリティ

バーチャル・リアリティを経てブレイン・マシン・インタフェースへと至る展開が生み出す情報メディアの社会や心理への影響については，さまざまな側面から考察されてきた．テレビが登場したころから，メディア情報の安易な提示は人間の感覚の健全な作用を阻害するものであり，人間のコミュニケーション能力の発展に何らかの影響を与えるのではないかということが常に指摘されてきた．

人間は現実的な感覚というものを，機械技術や電気電子技術の革新によって生み出される機器類（電子顕微鏡，天体望遠鏡，イメージング機器など）を通して捉えるようになってきた．可視化できる領域が広がることで，リアリティを感じる範囲も広がってきている．メディア環境の発達は人間の身体を拡張することであり，身体の自然性の範囲（眼鏡，補聴器，入れ歯はどうか？）がきわめてあいまいになっている．

サイバースペースは「電子的な宇宙空間のなかに再構成される社会」を意味する．そしてメディアテクノロジーが実現し得る究極の人工の世界とされる．現在は視覚的にはメタバースが，コミュニティの場としては各種のソーシャル・メディアがこれに該当する．その進化は始まったばかりであるが，現在でさえ，現実の世界と電子メディア内の世界とが混同される状況が起こっており，リアリティについて再考することが必要であるといえる．

グローバリゼーション

国や民族の垣根を越えて世界がひとつになっていく動きを「グローバリゼーション」という．これとは逆に地域に根差した社会の役割も重要であり，文化を発展させるうえでは両側面を見ていく必要がある．ネットワークがもたらす空間は，一部に国家的な制約があるにせよ，原則として距離的な壁がなく，グローバリゼーションに貢献するものと考えられる．

このようにネットワーク・メディアは世界をひとつにする有力な環境であると思われるが，現実を見るとそうでもなく，ひとつの国や文化圏でのまとまりを促進しているようにも見える．例えば，ブログなどの言語を中心としたメディアは言語を共通にした人たちとの交流に限定される傾向がある．外国語はいくらでも入ってくるが，外国語に対

する学びの意欲は一向に向上していない．これに対し，短いクリップを対象とした映像メディアは直接視覚に訴えるものが多く，言語の隔たりがないので国際交流には有力なメディアである．自動翻訳機能や臨場感コミュニケーション技術などの開発により事態が変わり，国際交流が活性化することが期待される．

人生の終わりと情報メディア

私たちの言動や記録はソーシャル・メディアやクラウド・サービスを通じてネットワーク空間に記録されているが，家族が知らないつながりがある．そして死後もこれらが放置されWeb上に漂うという事態が生じている．残された家族もID登録やパスワードの情報を知らないことがほとんどである．文書や写真の記録にとどまらず，Web上で管理された金融財産も不明になってしまう．これからはこのような事態に備えるサービスが拡大していくことが予想される．

人生を終えるための準備として「終活」という言葉がある．遺言を映像で記録する人も増えるだろう．さまざまなメディアを駆使してメッセージや人生の記録を残すことは，時代を越えて後世の人たちに先祖のイメージを伝えることが容易になるだろう．ライフログとして集積されたデータに基づき，将来は，過去の人物を自律的な人格としてよみがえらせることも予想される．

15.2 メディアと個人

他者との関係を問う

現代の個人と個人のコミュニケーションを考察するとき，コミュニケーションをする者どうしの置かれた環境を無視することはできない．むしろ，彼らの置かれた環境の特性を無視して何が見えてくるのだろうか？　私たちはコミュニケーションについて，いったい何を知っているのだろうか？　かつて，いや現在も世代間の断絶を危惧する声が聞かれる．いまの若者は何を考えているのかわからないと嘆く中高年の世代と，その一方で自分たちのことを理解してくれないと嘆く若者たちがいる．理解し合えない人々がそこにいるのだろうか？　コミュニケーション能力の欠如についての議論が声高に叫ばれることもある．同じ空間に生きていながらもわかり合えない人々の姿が本当にそこにあるのだろうか？　もしそうならば，私たちは何をしたらよいのだろうか？　私たちは生きるために他者を必要としている．他者の力なしには，いまの生活を維持することができないのは事実であろう．

情報入手と情報理解とは異なるものである

19世紀の産業革命に対して，20世紀は情報革命の時代と呼ばれ，現代社会を情報化社会と表現する．私たちは前世紀の人々に比べ，量的にも時間的にも異なった情報環境のなかにいる．現在，私たちは，大量に，そして時間的ずれも少なくさまざまな情報を手に入れることができる．しかし，そのような大量の情報を瞬時に手に入れることによって私たちは何を知り得るのだろうか？

情報を手に入れることと情報を理解することとは異なる次元のことである．私たちは携帯電話やインターネットの普及により，たしかに情報の入手は可能になった．しかし，それを理解する能力はそれに平行して拡大したのだろうか？　情報を理解する能力を，情報を処理する能力と呼んでもよいのかもしれない．しかし，それはあくまでも人間によって行われるものであり，最終的な理解は個々の人間にゆだねられているのである．

恣意的に選択される情報

　その一方で，情報の質的な問題も大きい．情報は誰かによって選択されたものであるということである．すなわち，情報とは誰かによって切り取られた恣意的な選択物の何物でもないということである．ある事実を情報として取り扱うとき，その事実に何ら操作をすることはなくても，その事実を選ぶということは，特定の意図を持って差異化していることになる．特定の部分をもってその事実を代表させるだけでその恣意性は顕著に現れる．私が選ぶ情報とあなたが選ぶ情報は，対象となる事実がたとえ同一でも異なるということが起こるのである．対象となる事実が複雑であればあるほどその相違の振幅は大きくなる可能性を孕むことになる．

　しかし，コミュニケーションにおいて理解を図ろうとしているのは自己も他者も生きた人間である．そしてその人間の理解力は個々に異なる．そして，コミュニケーションの際に主題化される情報は，コミュニケーションに関与する自己や他者によって選択された情報であり，万人に共通の事柄であるとは限らないということである．たとえ，そこで主題化される情報が，そこに関わる者以外の人間によって選択されたものであったとしても，コミュニケーションのなかでその情報を用いるということは，選ばれた情報をあらためて選ぶという意味で，そこに関与する者による選択の結果であるといえる．

世界同時的に進行する情報革命

　コミュニケーションによって他者と何かを共有する．それは他者の伝える何ごとかを理解することにつながる．そして，まさに身近にいる他者の理解へとつながる．しかし，これは決して自明のことではないし，決して容易なことでもない．相手を理解する努力が必要とされ，自身を理解してもらう努力も必要とされる．他者との間に営まれるコミュニケーションは，双方向的な理解構築のプロセスであるといえよう．しかし，それが人間の関係化のプロセスであり，私たちの生きる場である社会の基盤になるものである．かつての産業革命とは異なり，「情報革命」は，世界規模で同時的に拡大進行している．これまでにも新しい技術については，その発明と適応までの間には多くの問題が生じてきた．しかし，これまで新しい技術の多くは，伝播にはズレがあり，後続の人々や国々は，その問題の克服過程を教訓として学ぶことができた．しかし，世界に同時的に生じている情報革命は，もはや過去の失敗を教訓として参考にできることは少ない．13章でも指摘したように，世界中で情報の取り扱いに関する情報モラルの問題が生じている．世界規模でメディア技術とその利用者との間に齟齬が生じている．技術の平和的な利用は，望まれるべき事態であるが，その実際の運用のなかで，予期せぬ問題が生じている．しかし，このような現実のなかにいまの私たちの生活がある．情報通信技術は今後，さらなる発展を迎えるかもしれない．そして，メディアと個人と関わりは，今後，ますます密になっていくかもしれない．しかし，忘れてはならないのは，そこにいる個人は，

自立した生きた人間であるということである．

メディア社会を生きる

　生物は生存し子孫を残すために日々生きている．このなかで，人類は知能を駆使し，生きるだけ以上の，物質的・精神的により豊かな生活を求めて進化してきた．豊かな生活は教育の機会や，家族・実社会を通じて得られる学びや知識，そして芸術や娯楽を通じての充実した安らぎの時間よって得られるものである．しかし，これらの状況がメディア社会の到来で一変した．私たちのまわりにはメディアを通じてこれらに接する機会があふれかえっているのである．

　"おせっかいな"メディアは，学びや技術・技能の習得，そして至福の時間を過ごすための芸術や娯楽への関わりへの効率化を，テクノロジーとサービス開拓の両面から今後も追求していくだろう．人間らしく生きるためには，メディアの活用方法が万人に対してひとつの環境や方法に集約されることはないはずであり，一人ひとりが選択すべき課題である．私たち自身が哲学者として生きる意味を自ら問い，常にメディアを選択し，使いこなしていく術を考え続けていく姿勢が必要である．

章末課題

考えてみよう

15. メディア社会の行方

● 20年後のテクノロジー，サービス，そして社会の姿を展望せよ．

参考図書

第I部　メディアとは何か？

Leonard de Vries 著（1971）Victorian Inventions，John Murray
　訳本：本田成親 訳（2002）図説 創造の魔術師たち—19世紀発明家列伝，工学図書
松岡正剛 監修，編集工学研究所 著（1996）情報の歴史—象形文字から人工知能まで［増補版］，NTT出版
マーシャル・マクルーハン 著，栗原裕，河本仲聖 訳（1987）メディア論—人間の拡張の諸相，みすず書房
西垣通 著（2004）基礎情報学—生命から社会へ，NTT出版
クロード・E. シャノン，ワレン・ウィーバー 著，植松友彦 訳（2009）通信の数学的理論，筑摩書房
梅棹忠夫 著（1999）情報の文明学，中央公論新社

第II部　メディアテクノロジー

石井裕 著（1994）CSCWとグループウェア—協創メディアとしてのコンピュータ，オーム社
藤原洋 編（2000）マルチメディア情報圧縮，共立出版
金武完，圓岡偉男 著（2011）入門 情報社会とコミュニケーション技術，明石書店
小泉宣夫 著（2005）基礎音響・オーディオ学，コロナ社
レイ・カーツワイル 著，井上健 監訳（2007）ポスト・ヒューマン誕生—コンピュータが人類の知性を超えるとき，日本放送出版協会
舘暲，佐藤誠，廣瀬通孝 監修，日本バーチャルリアリティ学会 編集（2011）バーチャルリアリティ学，コロナ社
酒井幸市 著（2007）ディジタル画像処理の基礎と応用—基本概念から顔画像認識まで［改訂版］，CQ出版
酒井善則，石橋聡 著（2001）ディジタル情報表現の基礎—音声・画像の符号表現，サイエンス社

第III部　メディアサービス

電通総研 編集（2015）情報メディア白書2015，ダイヤモンド社

第IV部　メディアと社会

遠藤薫 編著（2004）インターネットと〈世論〉形成—間メディア的言説の連鎖と抗争，東京電機大学出版局
茨木正治，圓岡偉男，中島淳 編著（2010）情報社会とコミュニケーション，ミネルヴァ書房
小泉宣夫 監修，畠中伸敏，布広永示 編著（2009）情報心理 情報メディアと行動心理，日本文教出版
正村俊之 著（2000）情報空間論，勁草書房
大黒岳彦 著（2010）「情報社会」とは何か？〈メディア論〉への前哨，NTT出版
圓岡偉男 著（2012）情報社会学の基礎，学文社

索引

欧文・数字

A
AAC　20, 101
Android（アンドロイド）　57
AR（Augmented Reality，オーグメンテッド・リアリティ）　63, 68
ASCII（アスキー）コード　16

B
BBS（Bulletin Board System，電子掲示板）　73, 74
Bluetooth（ブルートゥース）　49
Blu-ray（ブルーレイ）ディスク　104
BMI（ブレイン・マシン・インタフェース）　70, 114
BS（Broadcasting Satellite）放送　44

C
CATV（Community Antenna Television）　44
CD（Compact Disc）　12, 19, 52, 101
CDMA（Code Division Multiple Access，符号分割多重接続）　41
CGM（Consumer Generated Media，コンシューマー・ジェネレイテッド・メディア）　75, 101
CGアニメーション　36
CMYK　21
Cookie（クッキー）　27
CS（Communication Satellite）放送　44
CSS（Cascading Style Sheet）　28
CT（Computed Tomography）　34

D
DAT（Digital Audio Tape）　52
DHCP（Dynamic Host Configuration Protocol）　47
DNS（Domain Name System）　26
DRM（Digital Rights Management）　100, 101
DSD（Direct Stream Digital）　102
DVD　13, 58, 104
DV規格　55

E
e-Gov（イーガブ）　80
e-Tax（イータックス，国民電子申告・納税システム）　80
ETC（Electronic Toll Collection System）　82
Ethernet（イーサネット）　49
eコマース（e-commerce）　92

F・G
FeliCa（フェリカ）　60
GPS（Global Positioning System）　68, 111

H
HCI（ヒューマン・コンピュータ・インタラクション）　62
HD（High Definition）　44
HDTV（High-definition Television，高精細度TV）　24
HI（ヒューマン・インタフェース）　62
HMM（Hidden Markov Model，隠れマルコフモデル）　32
HTML（HyperText Markup Language）　27
http（Hyper Text Transfer Protocol）　26

I
ICカード　60
ICタグ　60
iOS　57
IoT（Internet of Things）　59
IP（Internet Protocol）　41
IPv4（Internet Protocol version 4）　47
IPv6（Internet Protocol version 6）　47
IPアドレス　26, 47
IP電話　41
ISP（Internet Service Provider，インターネット・サービス・プロバイダ）　45, 48
ITS（Intelligent Transport System，高度道路交通情報システム）　82
IX（インターネット・エクスチェンジ）　45

J・L
JPEG（Joint Photographic image coding Experts Group）　22
LAN（Local Area Network，ローカルエリアネットワーク）　48
LPO（Landing Page Optimization，ランディング・ページ最適化）　94
LTE（Long Term Evolution）　42

M
MD（Mini Disc）　52
MIDI（ミディ，Musical Instrument Digital Interface）　28
MOOC（ムーク，Massive Open Online Course）　86
MP3　20, 53, 101
MPEG（Motion Pictures coding Experts Group）　24
MRI（Magnetic Resonance Imaging）　34

N・O
NFC（Near Field Communication）　60
ONU（Optical Network Unit，光回線終端装置）　48
OSC（Open Sound Control）　29

P
PAN（Personal Area Network，パーソナルエリアネットワーク）　49
PCM（Pulse Code Modulation，パルス符号変調）符号化　19
PDA（Personal Digital Assistant）　55
PDF（Personal Document Format）　100
PET（Positron Emission Tomography）　34
PHS（Personal Handy-phone System）　42

Q・R
QOL（Quality of Life，クオリティ・オブ・ライフ）　110
QR（Quick Response）コード　59
RFID（Radio Frequency Identification）　60
RGB　21

S

SA-CD（スーパーオーディオCD） 20, 102
SAR（スクリーン・アスペクト比） 22, 25, 44
SD（Standard Definition） 44
SDTV（Standard-definition Television，標準TV） 24
SEO（Search Engine Optimization） 94
SNS（Social Networking Service，ソーシャル・ネットワーキング・サービス） 75, 76, 121, 130

T

TCP/IP（Transmission Control Protocol/Internet Protocol） 13, 45, 46
TRONプロジェクト 59
TTS（Text-To-Speech，テキスト音声合成） 31

U

URL（Uniform Resource Locator） 26
UWB（Ultra Wide Band，超広帯域無線） 50, 112

V

VHS方式 54
VICS（Vehicle Information and Communication System） 82
VOD（Video on Demand，ビデオ・オン・デマンド） 104
VoIP（Voice over Internet Protocol） 41
VR（Virtual Reality，バーチャル・リアリティ） 63, 64

W

WAN（Wide Area Network） 49
Web（WWW） 14, 26
Webブラウザ 27
Wi-Fi（ワイファイ） 49
Wikipedia（ウィキペディア） 75
WWW（World Wide Web，Web） 14, 26

Z

ZigBee（ジグビー） 50

ギリシャ文字

α（アルファ）チャンネル 21

数字

3次元コンピュータ・グラフィックス（3DCG） 34
6次の隔たり 76
8ミリビデオ規格 54

和文

あ

アクション 95
アクセス解析 94
アスキー（ASCII）コード 16
圧縮符号化 20, 23, 53
アナログ信号 11
アニメーション（アニメ） 103
アバター 68, 108
アフィリエイト広告（成果報酬型広告） 95
アルファ（α）チャンネル 21
アンドロイド（Android） 57

イーサネット（Ethernet） 49
イメージセンサ（撮像素子） 20
印刷 8
インスタント・メッセンジャー 74
インスタントカメラ 54
インターネット 5, 13, 45
インターネット・エクスチェンジ（IX） 45
インターネット・オークション（ネットオークション） 93
インターネット・サービス・プロバイダ（ISP） 45, 48
インターネット・ショッピング（ネットショッピング） 93
インターネット・バンキング 90
インターネット広告 95
インターネットプロトコル（IP） 41
インタレース（飛び越し）走査 24
イントラネット 46
インフラサービス 80
インプラント機器 112
インプレッション 94
インプレッション保証型 95
ウェアラブル 111
ウェアラブル・コンピューティング 58
ウェブ（Web，WWW） 14, 26
ウェルネス（Wellness） 110
ウォルター・リップマン 123
衛星画像 115
衛星放送 44
遠隔医療 83
遠隔教育 86
遠隔存在感（テレプレゼンス） 66
オーグメンテッド・リアリティ（AR） 63, 68
音声 8
音声合成 29
音声認識 29
音声認識 31
音声翻訳 30
音節 8
音素 8
音符 9
オンライン・トレーディング 92
オンライン・マーケティング 93
オンライン教育 86

か

回線交換網 40
解像度 22
可逆（ロスレス）符号化 20
隠れマルコフモデル（HMM） 32
画素（ピクセル） 17, 21
仮想世界 68
画像認識 37
活字 8, 16
加法混合 21
カメラ・オブスクラ 9
カラオケ 102
漢字コード 16
擬似環境 122
技術的特異点（シンギュラリティ） 139
キネトスコープ 10
キュレーション（curation）サイト 76

145

キヨスク端末　59
空間周波数成分　32
空間スペクトル　21, 23
空間フィルタ　32
クオリティ・オブ・ライフ（QOL）　110
クッキー（Cookie）　27
クライアント・サーバ　46
クリック課金型　95
クレジットカード　90
グローバリゼーション　139
ゲイズ・アウェアネス（gaze awareness）　67
携帯型ゲーム機　106
携帯情報端末（携帯端末）　56
携帯電話　41, 56, 73
ゲートウェイ　47
ゲーム機器　106
現像技術　9
減法混合　21
交換機　40
高精細度TV（HDTV）　24
光電変換　10
高度道路交通情報システム（ITS）　82
固定通信網　40
コマ撮りアニメーション　35
コミュニケーション　122, 134
コミュニケーション・ロボット　113
コンパクトディスク（CD）　12, 19, 52, 101
コンピュテーショナル・フォトグラフィ　33

さ

サイバースペース（Cyberspace）　68, 139
撮像素子（イメージセンサ）　20
サブネットマスク　47
サンプリング（標本化）　18
サンプリング周波数　19
シェーディング　35
色彩　21
シネマトグラフ　10
写真乾板　9
写本　8
終活　140
住民基本台帳ネットワークシステム　80
順次（プログレッシブ）走査　25
情報　2
情報革命　141
情報伝送量（ビットレート）　4, 20
情報爆発　138
情報モラル　124
食品トレーサビリティ　112
書体（フォント）　17
シンギュラリティ（singularity, 技術的特異点）　139
人工内耳　114
人工網膜　114
スーパーオーディオCD（SA-CD）　20, 102
スキャン（走査）　10, 11
スクリーン・アスペクト比（SAR）　22, 25, 44
スタイルシート　28
ステレオ系　29
ストリーミング　101
スペクトル符号化　30
スマートフォン（smartphone）　56

成果報酬型広告（アフィリエイト広告）　95
責任の分散　128
接続形態（トポロジー）　48
センサ・ネットワーク　116
走査（スキャン）　10, 11
ソーシャル・ネットワーキング・サービス　75, 76, 121, 130
ソーシャル・ブックマーク　75
ソーシャル・メディア　72, 76, 78
ソーシャルゲーム　107

た

ターミナル（terminal, 端末）　56
タイアップ広告　95
対人的なコミュニケーション　72
タブレット端末　57, 87
端末（ターミナル）　56
蓄音機　9
地上波ディジタル放送　43
知的財産権　125, 126
チャット　74
超広帯域無線（UWB）　50, 112
通信手順（プロトコル）　46
通信プロトコル　26
ディジタルカメラ　54
ディジタル・サイネージ　95
ディジタルシネマ　103
ディジタル信号　18
データマイニング　138
テキスト音声合成（TTS）　31
テクスチャ・マッピング　35
テザリング（tethering）　57
テレプレゼンス（Telepresence, 遠隔存在感）　66
電気音響変換　10
電気通信　11
電子楽器　28
電子カルテ　83
電子掲示板（BBS）　73, 74
電子書籍　98
電子書籍リーダ　99
電子政府　80
電子手帳　55
電子マネー　91
電子メール　72
電子レセプト　85
電波の割り当て　42
電話　11, 73
電話網　40
動画投稿サイト　76
飛び越し（インタレース）走査　24
トポロジー（接続形態）　48

な

ナレッジ・コミュニティ　74, 88
ネットオークション（インターネット・オークション）　93
ネット社会　77
ネットショッピング（インターネット・ショッピング）　93
ネットメディア　6
ノートPC　57

ノンバーバル（非言語）62, 135

は

パーソナルエリアネットワーク（PAN）49
パーソナルメディア　3, 5
バーチャル・リアリティ（VR）63, 64
バイト　16
バイノーラル　65
バイノーラル再生　29
ハイパーテキスト（HyperText）26
ハイパーメディア（Hypermedia）27
ハイブリッド符号化　30
バイラル（Viral）マーケティング　94
ハイレゾリューション・オーディオ（ハイレゾ）20, 102
波形符号化　30
パケット通信　47
パターン認識　36
バナー広告　95
ハブ　49
ハプティックインタフェース　62
パルス符号変調（PCM）符号化　19
反転学習（Flipped Learning）87
非可逆（ロッシー）符号化　20
光回線終端装置（ONU）48
ピクセル（画素）17, 21
非言語（ノンバーバル）62, 135
ビッグデータ　138
ビット　16, 102
ビット数　18
ビットレート（情報伝送量）4, 20
ビデオ・オン・デマンド（VOD）104
ヒューマン・インタフェース（HI）62
ヒューマン・コンピュータ・インタラクション（HCI）62
表意文字　8, 16
表音文字　8, 16
表現の自由　127
標準TV（SDTV）24
標本化（サンプリング）18
フィーチャーフォン（feature phone）57
フィールド　25
フィルム　9
フォント（書体）17
複製技術　126
符号分割多重接続（CDMA）41
プリペイドカード　91
ブルートゥース（Bluetooth）49
ブルーレイ（Blu-ray）ディスク　104
ブレイン・マシン・インタフェース（BMI）70, 114
フレーム　24
プロキシ（Web Proxy）サーバ　27
ブログ（blog）73, 74
プログレッシブ（順次）走査　25
プロジェクション・マッピング　37
プロトコル（通信手順）46
プロバイダ　48
フロントエンドプロセッサ（Front End Processor）17
ベイヤ型配列　22
ベータ方式　54
ヘッド・マウンテッド・ディスプレイ　58, 65, 69
遍在　59

変復調装置（モデム）41, 48
放送　43
ボーカロイド（VOCALOID）102
ボクセル（voxel）35

ま

マークアップ（Markup）言語　27
マーシャル・マクルーハン　4, 38
マイナンバー制度　81
マスキング効果　20
マスメディア　3, 5
マルチチャンネル系　29
マルチメディア　4
マルチモーダル・インタラクション　63
ミディ（MIDI）28
ムーアの法則　138
ムーク（MOOC）86
無線LAN　49
メタバース（Metaverse）68
メディア　2, 4
メディア・アート　37
メディアミックス　103, 105
モーション・キャプチャ　36
文字　8
文字コード　16
モデム（modem，変復調装置）41, 48
モデリング　34
モバイルPC　57
モバイルメディア　6

や

ユビキタス　59
ユビキタス社会　121

ら

ライトフィールド・カメラ　33
ライフ・ログ（Life Log）111
ラジオ放送　45
ランディング・ページ最適化（LPO）94
リスティング広告　95
リモートセンシング　115
量子化　19
量子化ビット数　19
臨場感コミュニケーションシステム　66
ルータ　49
レーザーディスク　104
レスポンス　94
レビュー投稿　76
レンダリング　34, 35
ローカルエリアネットワーク（LAN）48
ロスレス（可逆）符号化　20
ロッシー（非可逆）符号化　20
ロボット　112

わ

枠掲載型　95
ワンセグ放送　44

著者紹介

小泉宣夫 博士（工学）
東京情報大学 名誉教授
京都大学大学院工学研究科精密工学専攻修了．
日本電信電話公社（現NTT）電気通信研究所を経て，東京情報大学教授．
おもな著書に『基礎音響・オーディオ学』コロナ社（単著），『サウンドシンセシス』講談社（共著）などがある．

圓岡偉男 博士（人間科学）
東京情報大学 総合情報学部総合情報学科 教授
早稲田大学大学院人間科学研究科生命科学専攻博士後期課程修了．
おもな著書に『情報社会学の基礎』学文社（単著），『情報社会とコミュニケーション』ミネルヴァ書房（編著）などがある．

NDC548　　155p　　26cm

情報メディア論
テクノロジー・サービス・社会

2016年2月22日　第1刷発行
2022年9月28日　第4刷発行

著　者　小泉宣夫・圓岡偉男
発行者　髙橋明男
発行所　株式会社 講談社
　　　　〒112-8001　東京都文京区音羽2-12-21
　　　　　販売　(03) 5395-4415
　　　　　業務　(03) 5395-3615

編　集　株式会社 講談社サイエンティフィク
　　　　代表　堀越俊一
　　　　〒162-0825　東京都新宿区神楽坂2-14 ノービィビル
　　　　　編集　(03) 3235-3701

本文データ制作　株式会社エヌ・オフィス
印刷・製本　株式会社KPSプロダクツ

落丁本・乱丁本は，購入書店名を明記のうえ，講談社業務宛にお送りください．送料小社負担にてお取替えいたします．なお，この本の内容についてのお問い合わせは，講談社サイエンティフィク宛にお願いいたします．定価はカバーに表示してあります．

© Nobuo Koizumi and Hideo Tsuburaoka, 2016

本書のコピー，スキャン，デジタル化等の無断複製は著作権法上での例外を除き禁じられています．本書を代行業者等の第三者に依頼してスキャンやデジタル化することはたとえ個人や家庭内の利用でも著作権法違反です．

JCOPY 〈(社)出版者著作権管理機構 委託出版物〉

複写される場合は，その都度事前に(社)出版者著作権管理機構（電話 03-5244-5088, FAX 03-5244-5089, e-mail: info@jcopy.or.jp）の許諾を得てください．

Printed in Japan
ISBN 978-4-06-153826-9